SINTAXIS 2017

MANUAL DEL ALUMNO
CUADROS PARA EL PROFESOR
EJERCICIOS
SOLUCIONES

Con nuevos ejercicios resueltos y cientos de análisis en bandeja

Alfonso Ruiz de Aguirre

2017

Glosario de abreviaturas

adj: adjetivo.
adv: adverbio.
advers: adversativa.
apos: aposición.
At: atributo.
CAdj: complemento del adjetivo.
CAdv: complemento del adverbio.
CAg: complemento agente.
CC: complemento circunstancial.
CCAfirm: complemento circunstancial de afirmación.
CCCant: complemento circunstancial de cantidad.
CCCausa: complemento circunstancial de causa.
CCComp: complemento circunstancial de compañía.
CCConces: complemento circunstancial de concesión.
CCCond: complemento circunstancial de condición.
CCDesid: complemento circunstancial de deseo o desiderativo.
CCDest: complemento circunstancial de destinatario.
CCFin: complemento circunstancial de finalidad.
CCInst: complemento circunstancial de instrumento.
itr.: intransitivo.
CCL: complemento circunstancial de lugar.
CCM: complemento circunstancial de modo.
CCNeg: complemento circunstancial de negación.
CCPosib: complemento circunstancial de posibilidad.
CCT: complemento circunstancial de tiempo.
CD: complemento directo.
CI: complemento indirecto.
CN: complemento del nombre.
conj: conjunción.
cóp: cópula.
COrac: complemento oracional.
CRég: complemento de régimen.
Dat Ét: dativo ético.
det: determinante.
distrib: distributiva.
disy: disyuntiva.
DPD: *Diccionario Panhispánico de dudas*, de la RAE.
DRAE: *Diccionario de la RAE*.
E: enlace.
explic: explicativa.

imp: impersonal.
NGLE: *Nueva Gramática de la Lengua Española*, de la RAE.
NP: núcleo del predicado.
NXO: nexo.
pas ref: pasiva refleja.
PN: predicado nominal.
PP: pronombre personal.
PRec: pronombre recíproco
PRef: pronombre reflexivo.
pron: pronominal inherente.
PSAdj: proposición subordinada adjetival.
PSAdjSust: proposición subordinada adjetiva sustantivada.
PSAdv: proposición subordinada adverbial.
PSAdvCausa: proposición subordinada adverbial de causa.
PSAdvComp: proposición subordinada adverbial comparativa.
PSAdvConces: proposición subordinada adverbial concesiva.
PSAdvCondic: proposición subordinada adverbial de condición.
PSAdvConsec: proposición subordinada adverbial consecutiva.
PSAdvF: proposición subordinada adverbial de finalidad.
PSAdvL: proposición subordinada adverbial de lugar.
PSAdvM: proposición subordinada adverbial de modo.
PSAdvT: proposición subordinada adverbial de tiempo.
PSS: proposición subordinada sustantiva.
PV: predicado verbal.
PVO: complemento predicativo.
RAE: Real Academia de la Lengua.
SAdj: sintagma adjetival.
SAdv: sintagma adverbial.
SFVnp: sujeto de forma verbal no personal.
SN: sintagma nominal.
SNS: sintagma nominal sujeto.
SO: sujeto omitido.
SP: sintagma preposicional.
sust: nombre, sustantivo.
SV: sintagma verbal.
SV-SPN: predicado nominal.
SV-SPV: predicado verbal.
tr.: transitivo.
V. afec. psíquica: verbo de afección psíquica.
vm: voz media.

Índice

1 Algo de morfología 5
   1.1 Categorías o clases de palabras 5
   1.2 Locuciones y perífrasis 9
2 La oración simple 10
   2.1 Conceptos básicos 10
   2.2 Sintagma nominal (SN) 11
   2.3 Sintagma adjetival (SAdj) 13
   2.4 Sintagma adverbial (SAdv) 14
   2.5 Sintagma preposicional (SP) 15
3 Sujeto, predicado y complementos oracionales 15
   3.1 Cómo buscar el sujeto 15
   3.2 Sintagma verbal predicado verbal (PV o SV-SPV) 17
   3.3 Sintagma verbal predicado nominal (PN o SV-SPN) 28
   3.4 Complementos oracionales (COrac) 33
4 Usos especiales de los PP átonos *me, te, se, nos, os* 35
   4.1 *Se* impersonal 36
   4.2 *Se* de pasiva refleja 36
   4.3 Pronombre reflexivo: *me, te, se, nos, os* 37
   4.4 Pronombre recíproco: *nos, os, se* 38
   4.5 *Se* sustituto de *le* 39
   4.6 Dativo Ético: *me, te, se, nos, os, le, les* 39
   4.7 Voz media: *me, te, se, nos, os* 40
   4.8 Pronominal inherente: *me, te, se, nos, os* 41
5 Oraciones compuestas: yuxtapuestas y coordinadas 48
   5.1 Proposición 48
   5.2 Nexos y conectores discursivos 49
   5.3 Yuxtapuestas 50
   5.4 Coordinadas 51
6 Proposiciones subordinadas: la PSAdj 54
   6.1 Proposiciones subordinadas 54
   6.2 Proposiciones subordinadas adjetivas (PSAdj) 55
7 Proposiciones subordinadas sustantivas (PSS) 59
   7.1 PSS con conjunción 59
   7.2 PSS sin conjunción 60
      7.2.1 PSS introducidas por un interrogativo o exclamativo. 60
      7.2.2 Proposiciones subordinadas adjetivas sustantivadas (PSAdjSust) 64
      7.2.3 PSS con verbo en infinitivo 68
8 Proposiciones subordinadas adverbiales (PSAdv) 70
   8.1 PSAdv de modo 72
   8.2 PSAdv de tiempo 72
   8.3 PSAdv de lugar 72
   8.4 PSAdv de causa 73
   8.5 PSAdv de finalidad 74
   8.6 PSAdv de condición 75
   8.7 PSAdv concesivas 76
   8.8 PSAdv consecutivas 77
   8.9 PSAdv comparativas 79
   8.10 PSAdv con NP en forma no personal 80

9	Oraciones con más de dos proposiciones	83
10	Preparando las oposiciones	84
11	Ejercicios. Algo de morfología	89
12	Ejercicios. Sintagmas	91
13	Ejercicios. Sujeto, predicado y elementos oracionales	92
14	Ejercicios. Pronombres personales átonos	94
15	Ejercicios. Yuxtapuestas y coordinadas	96
16	Ejercicios. Proposiciones subordinadas adjetivas	97
17	Ejercicios. Proposiciones subordinadas sustantivas	98
18	Ejercicios. Proposiciones subordinadas adverbiales	100
19	Ejercicios. Oraciones con más de dos proposiciones.	102
20	Ejercicios. Preparando las oposiciones	104
21	Soluciones. Algo de morfología	104
22	Soluciones. Sintagmas	107
23	Soluciones. Sujeto, predicado y elementos oracionales	109
24	Soluciones. Pronombres personales átonos	112
25	Soluciones. Yuxtapuestas y coordinadas	115
26	Soluciones. Proposiciones subordinadas adjetivas	118
27	Soluciones. Proposiciones subordinadas sustantivas	121
28	Soluciones. Proposiciones subordinadas adverbiales	124
29	Soluciones. Oraciones con más de dos proposiciones.	130
30	Soluciones. Preparando las oposiciones	136

Agradecimientos

Para analizar las oraciones he empleado el Editor de Análisis Sintáctico de Patricia Cortés Moreno y Miguel Flecha Fernández. Sus autores tuvieron la bondad de autorizarme a usarlo. Les estoy muy agradecido.

Tras la publicación de *Sintaxis para alérgicos a la sintaxis* creé el grupo de **Facebook** *Sintaxis por Alfonso Ruiz de Aguirre*. Pensé que se unirían veinte o treinta adictos a esta disciplina, pero hoy somos casi 4.000. Cualquier lector de este libro será bienvenido. De los debates en este grupo he sacado muchas de las ideas que se exponen aquí. Mi agradecimiento a todos los miembros del grupo, especialmente a los administradores y a quienes participan más activamente, escribiendo o leyendo.

Las consideraciones sobre el complemento predicativo que incluyo se deben a las aportaciones de Juan Carlos Tordera Yllescas y de Josep Ausensi-Jiménez.

Fue también Juan Carlos Tordera Yllescas quien me propuso la solución que planteo para oraciones como *Llegará tarde, lo cual le traerá problemas*.

Juan Carlos Tordera Yllescas y María José Alcarria corrigieron el libro. Gracias a sus sugerencias he podido presentar una versión mejor. Los errores que aparezcan no se les deben achacar a ellos en absoluto, sino más bien a mi tozudez o a mi ignorancia.

No hubiera podido escribir este libro sin la ayuda de mis alumnos. Todo mi agradecimiento para ellos.

1 Algo de morfología

1.1 Categorías o clases de palabras

No se puede aprender sintaxis sin tener claros algunos conceptos de morfología. Este libro no te los puede explicar todos, pero sí puede decirte qué debes saber para comenzar.

Asegúrate de que distingues las clases de palabras o **categorías** entre sí. Hay nueve categorías: nombre, pronombre, determinante, adjetivo, verbo, adverbio, preposición, conjunción e interjección.

Te voy a dar unos trucos que pueden ayudarte a distinguirlas. Si lo que voy a explicar a continuación te parece muy difícil y no lo comprendes, o si no te salen los ejercicios, debes consultar un libro de morfología: sin estos conocimientos previos no puedes analizar sintácticamente.

Vamos a comenzar con las categorías que pueden variar de género y número, a las que llamamos variables.

Puedes distinguir los **nombres** o sustantivos porque pueden llevar un artículo delante (*el, la, los, las*). A veces no lo llevan (*Compré queso*) pero podemos añadirlo con un pequeño cambio de significado (*Compré el queso*). Tampoco lo llevan algunos nombres propios, pero esos los distinguirás porque siempre se escriben con mayúscula (*Miguel de Cervantes, Francia, Londres*). La forma neutra del artículo (*lo*) sirve para sustantivar al adjetivo y nunca puede acompañar a un nombre.

Los **adjetivos** aportan una cualidad de un nombre (cómo está, es, parece… ese nombre) y concuerdan con él (*unas hermosas ciudades, María llegó entusiasmada*). A un adjetivo le puedes poner delante el artículo *lo*, pero no a un nombre: *lo bello, *lo belleza, lo astuto, *lo astucia, lo cómico, *lo comedia*. Cada vez que veas un asterisco delante de un ejemplo quiere decir que esa expresión es agramatical (incorrecta según las reglas de la gramática). Los adjetivos tienen género, número y, en muchos casos, grado (positivo: *bueno*, comparativo: *mejor*, superlativo: *muy bueno* o *buenísimo*; los adjetivos llamados relacionales, como *canino* o *procesal*, no admiten distinción de grado).

Los **determinantes** siempre acompañan a un nombre, con el que concuerdan en género y número: no informan de una cualidad del nombre, pero sirven para precisar alguno de sus aspectos, como la cantidad, a quién pertenece o si está cerca o lejos de quien habla (*tres casas, tu casa, esta casa*).

Los determinantes pueden ser artículos (*el coche*), demostrativos (*esta alegría*), posesivos (*su amor*), indefinidos (*algunas veces, una esperanza, cada mañana*), numerales (*tres años, el quinto año, la doceava parte*), interrogativos/exclamativos (*qué calor*) y relativos (*cuyos amigos*).

> Usamos el término *determinante* de modo ambiguo, como categoría y como función, para evitar distinciones que distraigan al alumno de lo importante. Otra opción sería distinguir entre *adjetivo determinativo* (categoría) y *determinante* (función), pero nos da el problema de que hay que explicarles que la función de determinante puede ser desempeñada por adjetivos determinativos y por artículos, y el de que añade una nueva categoría (los artículos). Otra opción es usar *determinante* para la categoría y *modificador* o *actualizador* para la función. Además, en el análisis escribimos E (enlace) o NXO (nexo), que indican la función, pero no escribimos delante la categoría, porque no cabrían las abreviaturas. Lo deseable, para seguir el esquema de categoría-función sería escribir *prep E* y *conj NXO*.

Los **pronombres** nunca pueden acompañar a un nombre. Funcionan como un nombre y sustituyen una parte del sintagma nominal que incluye el núcleo, aunque por comodidad se suele decir que sustituyen al nombre. Si sustituyo *Mi primo Pepe, que estudia en Toledo, vino ayer* por *Él vino ayer*, *él* no ha sustituido solo al nombre, sino a todo el sintagma; si sustituyo *Quiero la última novela de Landero* por *Quiero la última* el pronombre ha sustituido a casi todo el sintagma, pero no al artículo.

Los pronombres pueden clasificarse en personales y no personales. Los **personales** no se llaman así porque sustituyan a una persona (pueden sustituir a una cosa, a un animal, a una planta), sino porque son capaces de distinguir persona gramatical (*yo* es primera persona, *tú* es segunda, *él* es tercera).

Los pronombres **no personales** pueden ser demostrativos, posesivos, indefinidos, numerales, interrogativos/exclamativos y relativos. Los mismos tipos que hemos visto para los determinantes salvo el artículo, que nunca puede hacer de pronombre: cuando nos salga *la de la izquierda*, en lugar de considerar que el artículo hace de pronombre diremos que hay un nombre omitido.

Los **pronombres personales** se estudian en tres grupos.

1- **Sujeto**. Pueden hacer de sujeto: *yo, tú, él, ella, ello, nosotros, nosotras, vosotros, vosotras, ellos, ellas, usted, ustedes*. Son los que aprendiste cuando estudiaste la conjugación verbal. Ojo, porque *yo* y *tú* solo pueden hacer de sujeto, pero los demás pueden también acompañar a una preposición y desempeñar otras funciones. Solo los pronombres que están en esta lista pueden hacer de sujeto.
2- **Átonos**: complemento directo, indirecto y usos especiales: *me, te, se, nos, os, le, les, lo, la, los, las*
3- **Usados tras preposición**: *mí, ti, sí, él, ella, ello, nosotros, nosotras, vosotros, vosotras, ellos, ellas, usted, ustedes*. *Conmigo, contigo, consigo* llevan la preposición puesta.

Muchos españoles son leístas. Eso significa que usan los pronombres *le* y *les* como complemento directo (CD). Aunque se discute si estos usos son correctos y en qué casos, lo importante es que los vas a encontrar en los análisis con esta función: por eso los he incluido en la lista de pronombres personales que pueden hacer de CD. Aunque lo recomendable, para un CD masculino de persona, sería decir *Lo encontré*, *Lo regañaron* o *Lo miré*, mis alumnos suelen decir *Le encontré*, *Le regañaron* y *Le miré*. Debes hacerles las mismas pruebas que a cualquier otro posible CD. Sin embargo, el laísmo y el loísmo se consideran un error y nunca te van a poner una oración que los contenga, de modo que puedes dar por seguro que los pronombres *lo, los, la, las*, en el predicado verbal, son CD.

	Pronombres personales (PP)			
	Sujeto	Con preposición	Átonos		
			CD/CI	CD	CI
1ª s.	Yo	mí, conmigo	me		
2ª s.	Tú, vos	ti, contigo	te		
3ª s.	él, ella, ello, usted	sí, consigo, él, ella, ello, usted	se	lo, la, *le	le
1ª pl.	nosotros, nosotras	nosotros, nosotras	nos		
2ª pl.	vosotros, vosotras	vosotros, vosotras	os		
3ª pl.	ellos, ellas, ustedes	sí, consigo, ellos, ellas, ustedes	se	los, las, *les	les

Los **verbos** pueden cambiarse de tiempo: sabemos que *dije* es un verbo porque podemos decir *digo* o *diré*; sabemos que *llueve* es un verbo porque podemos decir *llovió* o *lloverá*.

Empezamos con las categorías invariables. Aprendiste de memoria en Primaria las **preposiciones** propias (*a, ante, bajo, con, contra, de, desde, en, entre, hasta, hacia, para, por, según, sin, sobre, tras, mediante, durante, vía, versus* y las ya en desuso *cabe* y *so*). También existen muchas locuciones preposicionales. En *al* y *del* tenemos dos palabras, cada una con su categoría: una preposición y un determinante. Siguiendo las indicaciones de la *Nueva Gramática de la Lengua Española* (NGLE), de la RAE, no consideramos que *excepto* y *salvo* sean preposiciones, sino conjunciones. La NGLE las llama conjunciones exceptivas.

En cuanto a las **conjunciones**, lo mejor es que las aprendas al estudiar la oración compuesta, aunque las coordinantes también pueden unir sintagmas que tengan la misma función.

El **adverbio**, a diferencia de las dos categorías anteriores, es tónico y puede usarse de forma aislada: puedo decir *Llegué pronto*, pero no **Llegué por* o **Llegué aunque*.

Es habitual que os cueste distinguir la categoría de los indefinidos. Si el indefinido varía de número es determinante o pronombre: los adverbios son invariables. Si me sale *Tengo bastante paciencia* puedo imaginar una oración similar en la que escriba *Tengo bastantes virtudes*, con *bastante* en plural, luego *bastante* no es adverbio. Pero en *Te vi bastante cansado* no puedo poner **Os vi bastantes cansados*, luego sí es adverbio. En *Compré bastantes*, puesto que *bastantes* está en plural y no acompaña a un nombre, tenemos un pronombre. En *Compré bastante* me queda la duda de si tengo un adverbio o de si se trata de un pronombre que sustituye a *bastante cantidad* o *bastante queso*, así que ambas respuestas son válidas.

Casi todos los adverbios tienen un significado que puedes definir sin recurrir a la gramática, mientras las otras dos categorías invariables solo ofrecen significado gramatical. Por eso si te piden que definas *apropiadamente* puedes escribir *de forma adecuada*, pero si te piden que definas *por* o *aunque* tienes que recurrir a explicaciones gramaticales.

Las **interjecciones** sirven para expresar emociones, suelen ir separadas por comas y pueden construir por sí mismas un enunciado completo: *¡Ay!*; *¡Eh!*

La categoría de una palabra depende del **contexto** en el que la usemos. En *El médico me recetó un jarabe*, *médico* es un nombre, pero en *Le diagnosticaron un problema médico*, la misma palabra es adjetivo. En *Lanzó un disparo duro junto al poste*, *duro* es un adjetivo, pero en *Ese equipo jugó muy duro* es un adverbio.

Grupos de palabras que pueden pertenecer a distintas categorías			
	Determinante	Pronombre	Adverbio
Artículo	el, la, lo, los, las		
Demostrativo	este, ese, aquel, esta, esa, aquella…	este, ese, aquel, esta, esto, eso, aquello…	
Indefinido	un, algún, suficiente, cierto, bastante, poco, ambos, sendos, cada…	uno, alguno, bastante, poco, suficiente, ambos, varios…	
Numeral	primer, segundo, un, dos, tres…	primero, segundo, uno, dos, tres…	
Posesivo	mi, tu, su, nuestro, suyo (pospuesto)…	mío, tuyo, suyo, nuestro…	
Interrogativo/ Exclamativo	qué, cuánto	qué, quién, cuánto, cuál	cómo, dónde, cuándo, cuánto
Relativo	cuyo, cuanto	que, el que, el cual, quien, cuanto	como, donde, cuando, cuanto

1.2 Locuciones y perífrasis

Hay otros dos conceptos de morfología que debes tener en cuenta. Una **locución** es un grupo de palabras que han perdido su significado original y funcionan ya como si fueran una sola palabra, así que se analizan como una unidad.

Hay que averiguar a qué clase de palabra sustituyen, porque así sabemos qué tipo de sintagma forman. *Por si las moscas*, *de repente* o *a la chita callando* equivalen a un adverbio y son locuciones adverbiales; *a pesar de* funciona como una preposición; *a pesar de que* funciona como una conjunción; en *Pactaron un alto el fuego* tenemos una locución nominal; *tener en cuenta* es una locución verbal…

Para que haya una locución las palabras han tenido que perder su significado, no basta con que puedan ser sustituidas por una sola palabra: *lanzar un grito* es lo mismo que *gritar* pero no forma una locución. Sustituir la locución sirve para saber de qué tipo es.

Distinguir las **perífrasis verbales** es fundamental para analizar correctamente. En una perífrasis tenemos dos verbos que trabajan juntos y funcionan como uno solo: el primero no aporta significado (no lo tiene o lo ha perdido), sino información gramatical; el segundo va en forma no personal y aporta el significado léxico.

En *vamos a comer* tenemos perífrasis si queremos decir que tenemos intención de comer pero no estamos yendo a ninguna parte; sin embargo, si el verbo *ir* tiene significado, se trata de una oración compuesta, con un verbo principal y una proposición subordinada adverbial final. En *puedo comer* hay perífrasis, porque el verbo *poder* carece de significado en sí mismo, ya que **puedo que tú llegues* o **puedo un café* no son construcciones posibles; sin embargo, en *quiero comer* tenemos dos verbos, ya que *quiero que tú llegues* o *quiero un café* es correcto. Verbos como *puedes*, *hay que* o *deben* forman perífrasis con el infinitivo que los sigue. También forman perífrasis *tiene que comer*, *viene a costar*, *está a punto de decir*, *está diciendo*, *se echó a reír*, *acaba de llegar* o *suele disfrutar*.

Algunos libros hablan de perífrasis de aspecto y de modo, y se olvidan de las de voz: la pasiva en español se puede formar con el verbo *ser* (pasiva perifrástica) o con *se* (pasiva refleja, no perifrástica). Conviene que repases los tipos de perífrasis verbales para que las reconozcas mejor. Yo enseño que todos los tiempos verbales compuestos son perifrásticos, pero hay profesores que prefieren no considerarlos perífrasis, pues opinan que los tiempos compuestos en voz activa y todos los de voz pasiva forman parte del paradigma de la conjugación verbal.

2 La oración simple

2.1 Conceptos básicos

Solo podemos analizar sintácticamente lo que comprendemos, así que lo primero que debemos hacer es conocer el significado de la oración y a quién complementa cada elemento.

Si digo *Vamos a comer, niños*, presento una situación cotidiana y agradable; si digo *Vamos a comer niños* expongo un delito macabro: significan cosas distintas y tienen análisis distintos. Si digo *Me puse la camisa verde que me regalaste*, *verde* me dice qué camisa me puse y es complemento del nombre. Si digo *Me puse la camisa verde de tanto revolcarme por el césped*, *verde* no me dice qué camisa me puse, sino cómo me la puse: como complementa al verbo y se refiere al nombre, tiene una función distinta (predicativo).

Una oración simple es un conjunto de palabras que se organizan en torno a un predicado y un predicado un conjunto de palabras que se organizan en torno a un verbo.

Mis primos llegarán el sábado es una oración simple porque tiene un solo verbo, *llegarán*, que hace de núcleo del predicado, *llegarán el sábado*. Un verbo tiene un sujeto con el que concuerda en número, salvo que sea un verbo impersonal. En esta oración el sujeto es *mis primos*, porque concuerda con el verbo, es decir, porque ambos tienen que ir en el mismo número y persona: no puedo decir **mis primos llegará*, ni **mi primo llegaréis*, ni **mi primo llegarán*.

En *Había tres personas fuera* hay un verbo, *había*, pero no hay sujeto, porque es impersonal: el verbo no concuerda con ningún sintagma nominal y no puede ponerse en plural. Si eres de Andalucía o de ciertas zonas en las que se habla catalán, ten cuidado, porque es habitual el uso de oraciones incorrectas como **Habían tres personas fuera*. Recuerda que, si no se pone en plural en presente (**Hayn tres personas*), tampoco se pondrá en plural ni en pasado ni en futuro.

Además del sujeto y el predicado, dentro de una oración simple pueden ir complementos oracionales, que no complementan al verbo, sino a la oración entera, y por eso tienen que salir fuera del predicado. Luego lo explico despacio.

Una oración es como una caja que contiene otras cajas más pequeñas a las que llamamos sintagmas o grupos, que también pueden contener otros sintagmas menores. Un sintagma es un grupo de palabras que se organizan en torno a un núcleo.

Cuando digo *la hija de la prima de la vecina del quinto, que vive en Torremolinos*, uso muchas palabras pero todos comprendemos que estoy hablando de una chica y que esa chica, ante todo, es hija de alguien. Aunque no sepa gramática, mi intuición de hablante me dice que la palabra más importante, el núcleo de esta expresión, es *hija*. El núcleo y las palabras que lo ayudan a significar y a desempeñar una función forman un sintagma. Como *hija* es un nombre, se trata de un sintagma nominal (SN).

En *Vive muy cerca de la casa del abuelo Tomás* todas las palabras significan y su significado es importante, porque si quitamos una ya no transmitimos la misma idea, pero está claro que lo que decimos es que *vive cerca*. Así que *muy cerca de la casa del abuelo Tomás* forma un sintagma que me sirve para saber dónde vive. *Cerca* es la palabra más importante y las otras sirven para explicarme cómo de cerca vive. Como la palabra más importante del sintagma es *cerca*, que es un adverbio, se trata de un sintagma adverbial (SAdv).

Uno de los problemas más habituales de mis alumnos cuando analizan es que comienzan con las unidades pequeñas para luego ir a las grandes. Lo han aprendido así en morfología y pretenden aplicarlo a sintaxis. Es muy importante que no vayas de la palabra al sintagma, sino del sintagma a la palabra.

El número de sintagmas no es infinito: solo tenemos sintagma nominal, adjetival, adverbial, preposicional y verbal. *Sintagma* es un concepto que tiene que ver con la categoría y no con la función, así que, después de escribir el tipo de sintagma, ponemos su función: SN CD (sintagma nominal complemento directo), SPrep CRég (sintagma preposicional complemento de régimen).

2.2 Sintagma nominal (SN)

N (núcleo)
Det (determinante)
SAdj CN (sintagma adjetival complemento del nombre)
SP CN (sintagma preposicional complemento del nombre)
SN Apos (sintagma nominal en aposición)

Consta de un **núcleo** (N), que tiene que ser un nombre, un pronombre o cualquier palabra sustantivada, y de hasta cuatro complementos distintos. En un sintagma lo único obligatorio es el núcleo. Los demás elementos pueden aparecer o no. Es muy importante que dentro de un sintagma solo busques los complementos y las estructuras que este puede llevar. Un error habitual es señalar en un SN un adverbio o un sintagma preposicional con función de complemento circunstancial, pero si miras con atención verás que estos elementos no están en la lista, así que no los buscamos. Nunca buscaremos ningún complemento hasta que hayamos localizado el núcleo.

Un SN puede no llevar **determinante** (*Antonio*), puede llevar uno (*el libro*), dos (*el último libro*) o incluso más (*el tercer intento tuyo aquel*). Debemos recordar que el posesivo, el numeral, o el indefinido pospuesto (detrás del nombre) sigue siendo determinante (o adjetivo para otras gramáticas) aunque adopte la forma que normalmente tiene el pronombre (*la suerte tuya, el viernes primero, sin esperanza alguna*).

Decimos que un **SAdj**, y no solo un adjetivo, complementa a un nombre, porque puede tener los complementos que le son propios:

> El joven más rápido de reflejos cayó.
>
> Ella es una persona más orientada a la meditación.

Es muy habitual que aparezcan varios **sintagmas preposicionales** juntos. Antes de analizarlos es preciso preguntarse a qué núcleo complementa cada uno. Aunque la preposición más habitual del CN es *de* (*el pelo de Luis, el ordenador de la sala*), también pueden aparecer otras (*una sopa con mucho caldo, un hombre sin principios, una victoria por coraje, comida para perros*).

En *la presencia en el equipo de tres delanteros*, ¿a quién complementa *de tres delanteros*, a *presencia* o a *equipo*? Para solucionarlo, debes plantearte si hablamos de *la presencia de tres delanteros* o de *el equipo de tres delanteros*. Aquí complementa a *presencia*. Sin embargo, en *la presencia de tres jugadores de buenas condiciones técnicas*, ¿hablamos de *presencia de buenas condiciones técnicas* o de *jugadores de buenas condiciones técnicas*? Lo segundo.

> El entrenador decidió la presencia en el equipo de tres delanteros.
>
> El entrenador decidió la presencia de tres jugadores de buenas condiciones técnicas.

El SN en **aposición** es fácil de identificar porque tiene como núcleo un nombre o un pronombre y no hay una preposición delante del sintagma. A veces va entre comas (explicativo) y a veces no (especificativo). Cuando aparecen dos nombres en el mismo sintagma, sin preposición que los separe, el primero es el núcleo y el segundo va en aposición.

> Tu primo Juan, una persona encantadora.
>
> Felipe II, monarca de España durante el siglo XVI.
>
> El río Tajo.

Es cierto que los determinantes son modificadores o actualizadores, mientras que los SAdj, los SP y los SN en aposición funcionan, dentro del SN, como complementos del nombre. He optado por no realizar esta distinción porque prefiero que los alumnos comprendan la siguiente perogrullada: todo lo que complementa a un nombre es complemento del nombre. Por la misma razón, en los sintagmas adjetivales y los sintagmas adverbiales he renunciado a distinguir los modificadores (los sintagmas adverbiales) de los sintagmas preposicionales complementos del adjetivo o complementos del adverbio.

Explicamos que el sintagma adverbial no puede complementar al nombre, pero existen excepciones. En *los abajo firmantes* y en *los antes mencionados* el adverbio complementa al nombre porque este procede de un participio (de presente o de pasado), es decir, de una forma verbal. En *tres pasos atrás* el nombre admite el adverbio porque aquel expresa distancia y en *dos días antes* porque expresa tiempo. Algunos adverbios que expresan ideas temporales, como *otrora* o *entonces*, pueden también complementar al nombre (*el otrora presidente*, *la entonces diputada*). El adverbio *así* tiene un comportamiento muy particular y puede sustituir a un sintagma adjetival (*Los libros divertidos me gustan > Los libros así me gustan*) o a una proposición subordinada adjetiva (*Los libros que son divertidos me gustan > Los libros así me gustan*), de modo que también puede complementar al nombre. Hay otros ejemplos, como *una familia bien*, que pueden justificarse razonando una metábasis o traslación (el paso de *bien* de la categoría de adverbio a la de adjetivo) o la omisión de un adjetivo (*una familia bien [situada]*). También tenemos expresiones como *Es muy hombre* en la que parece que es *hombre* lo que ha sufrido una metábasis y ha pasado de ser nombre a ser adjetivo. Otra posible explicación pasaría por considerar que en *tres años después* el núcleo es el adverbio (como en *después de tres años*) y *tres años* funciona como su modificador. También podría justificarse que el adverbio es el núcleo en *Lo colocó tres pasos más allá*, aunque no sea equivalente a **Lo colocó más allá de tres pasos*. De hecho, aunque razonarlo excede el propósito de este libro, consideramos que en *tres días antes* el núcleo es *antes* y en *cuatro minutos más tarde* el núcleo es *tarde*. El SN puede modificar por tanto, de manera excepcional, al adverbio. En construcciones como *un poco cansado* solo cabe concluir que el SN complementa a un adjetivo o que *un poco* constituye una locución adverbial.

2.3 Sintagma adjetival (SAdj)

N (núcleo)
SAdv CAdj (sintagma adverbial complemento del adjetivo)
SP CAdj (sintagma preposicional complemento del adjetivo)

Consta de un núcleo (N) y de dos posibles complementos. Evidentemente, cualquier sintagma que complemente a un adjetivo es complemento del adjetivo, así que debes estar muy atento para no introducir otros complementos, como circunstanciales.

Algunas gramáticas distinguen entre modificadores (los sintagmas adverbiales) y complementos (los sintagmas preposicionales) del adjetivo: yo prefiero estudiarlos todos como complementos del adjetivo, para simplificar.

La tarea de modificador puede ser desempeñada también por un sintagma preposicional pospuesto (situado detrás del adjetivo o del adverbio): *Es guapa de verdad*.

También es muy importante que, antes de poner función a un complemento, te asegures de a qué complementa y cuál es, por tanto, su núcleo. Si encuentras *Estoy contento de tu éxito*, *de tu éxito* complementa a *contento* y no a *estoy*. Por tanto, es un complemento del adjetivo, y no un complemento verbal. Si encuentras *Bebía contenta del río*, *del río* no te dice de qué estaba contenta, sino de dónde bebía, así que complementa al verbo, y es, por tanto, complemento circunstancial de lugar y no complemento del adjetivo.

```
Muy acertadamente decididos a una demostración de fuerza ante el ejército invasor.
                                 Det      N          SP-CN         SP-CN
 SAdv       N                    E              SN-Térm
 CAdv
    SAdvCAdj         N                       SP-C Adj
                              S Adj
```

```
Bastante satisfecho de los apoyos recibidos.        Muy razonablemente contento de tu enorme éxito.
                     Det    N    S Adj-CN                                      Det S Adj-CN    N
                     E         SN-Térm                 SAdv       N            E       SN-Térm
                                                       CAdv
 SAdvCAdj      N          SP-C Adj                         SAdv CAdj     N         SP-C Adj
              S Adj                                                    S Adj
```

2.4 Sintagma adverbial (SAdv)

Consta de un núcleo adverbial (N) y de dos posibles complementos, los mismos que podía llevar el sintagma adjetival. Ya tenemos dos de las funciones del adverbio: complementar al adjetivo y a otro adverbio; nos faltan la tercera, como complemento circunstancial del verbo, y la cuarta, como complemento oracional.

N (núcleo)
SAdv CAdv (sintagma adverbial complemento del adverbio)
SP CAdv (sintagma preposicional complemento del adverbio)

```
Mucho más tarde.       Bastante cerca de tu casa.      Muy lejos de sus verdaderas posibilidades.
                                    Det  N                             Det   S Adj-CN      N
 SAdvCAdv   N                       E    SN-Térm                       E         SN-Térm
    SAdvCAdv    N       SAdvCAdv   N    SP-C Adv        SAdv    N           SP-C Adv
                                                        CAdv
         S Adv                S Adv                              S Adv
```

14

2.5 Sintagma preposicional (SP)

En este sintagma el nombre no lo da el núcleo. Una preposición funciona como enlace e introduce un **término**. Ese término, en la oración simple, puede ser un SN, un SAdv o un SAdj, de modo que existen tres posibilidades de estructura morfológica habituales para el SP: **prep + SN**, **prep + SAdv** y **prep + SAdj**, que siempre reflejan la misma estructura sintáctica (**Enlace + Término**). En lugar del SN se puede poner una proposición que lo sustituya.

```
A pesar de su preocupante falta de concentración, ganaron.          Cerca de aquí.
              Det   S Adj-CN    N    E    SN-Térm                    E   S Adv
    E                                SP-CN                               Térm
                         SN-Térm                                   N   SP-C Adv
                     SP-CC Conces                         NP          S Adv
                          SV-SPV
                    O. Simple SO: Ellos
```

Además de las preposiciones propias, existen grupos de palabras (locuciones) que funcionan como una preposición: *a pesar de, a fuerza de, a falta de, de acuerdo con...*

Las gramáticas no consideran el sintagma determinativo, pero deberíamos reconsiderar esta postura. En *Mide unos cinco metros* parece claro que *unos* complementa a *cinco*. Lo mismo ocurre en *Tardó cerca de/ alrededor de/ casi cinco días*. De esta forma en las consecutivas intensivas sería más fácil explicar que la subordinada complementa en realidad al determinante: *Tenía tanta fiebre que lo llevamos al médico*. Fiebre, se puede tener mucha, poca o tanta que te llevan al médico: parece que *tanta... que te llevan al médico* está formando un sintagma determinativo.
Las adverbiales consecutivas intensivas son siempre complemento de su cuantificador. No lo sacamos de este porque en ocasiones se trata de un determinante y no podemos hablar de sintagma determinativo.

---

3 Sujeto, predicado y complementos oracionales

3.1 Cómo buscar el sujeto

El error más grave al analizar una proposición consiste en comenzar a poner funciones o estructuras sin haber localizado el sujeto. Cuando estamos ante una oración simple, lo primero que hacemos es subrayar el verbo. A continuación, buscamos el sujeto.

No se busca el sujeto haciendo ninguna pregunta. Tampoco averiguando quién realiza la acción. El único modo de hallar el sujeto sin equivocarse consiste en hacer pruebas de **concordancia**. ¿Cómo se hacen?

Primero localizamos todos los SN que aparezcan en la oración en el mismo número y en la misma persona que el verbo (si el verbo está en plural, solo los que estén en plural; lo mismo para el singular). A continuación cogemos uno y lo cambiamos de número. Si al hacerlo la frase pierde sentido, es el sujeto. Si no, pasamos al siguiente y hacemos lo mismo.

Si no lo encontramos escrito, buscamos un posible sujeto omitido. El sujeto, omitido o presente, debe tener la misma persona y número que el verbo: si el verbo es *tiene*, debe ser *ella, él, ello* o *usted*, es decir, una tercera persona del singular.

Los pronombres personales (PP) que pueden hacer de sujeto son *yo, tú* (solo pueden hacer de sujeto), *él, ello, ella, nosotros, nosotras, vosotros, vosotras, ellos, ellas, usted, ustedes* (también pueden ser término de una preposición), pero nunca *me* o *a mí*. También puede hacer de sujeto un pronombre no personal, un SN o algunos tipos de proposiciones que estudiaremos después.

Ante la oración *Me gustan las manzanas* es habitual que los alumnos respondáis que el sujeto es *me* o *a mí*, o que está omitido. El primero no puede ser sujeto porque es un pronombre átono, que puede hacer de complemento directo, de complemento indirecto, o emplearse en los usos especiales de los que después hablaremos, y está en singular. El segundo no puede ser sujeto porque lleva delante una preposición *a*, no es uno de los PP que hacen de sujeto y, además, está en singular. Para analizar la oración, puesto que el verbo está en tercera persona del plural, buscamos SN en plural que puedan actuar como tercera persona. Tenemos *las manzanas*. Lo ponemos en singular. Queda **Me gustan la manzana*. ¿Es correcta? No. Eso significa que es necesario que *las manzanas* concuerde con *gustan*, así que es el sujeto.

En *Me asustó la tormenta* no podría decir **Me asustó las tormentas* ni **Me asustaron la tormenta*. El verbo y ese SN tienen que concordar en número. Así que *la tormenta* es el sujeto. En *Vienen de visita los viernes* tenemos un SN en plural que aparece escrito. Probamos si es el sujeto cambiándolo de número. Como podemos decir *Vienen de visita el viernes*, no es sujeto. Ahora probamos si el sujeto está omitido. Buscamos un sujeto en tercera persona del plural: *Ellas vienen de visita el viernes* es correcto, pero no **Ella vienen de visita el viernes*. Así que *ellas* o *ellos* o *ustedes* es el sujeto, que está omitido (SO). A veces el sujeto va en medio del predicado:

```
No sabe nadie la respuesta.
         Det    N
S Adv   NP    SN-CD
CC neg
SV-SPV  SN-Suj  SV-SPV
        O. Simple
```

```
Tomaron los montañeros un camino equivocado.
         Det   N       Det  N    S Adj-CN
 NP      Det   N            SN-CD
SV-SPV      SN-Suj         SV-SPV
              O. Simple
```

```
Les encanta la piscina a los niños.
SN      NP           SP-CI dupl
CI
SV-SPV  SN-Suj       SV-SPV
        O. Simple
```

En *Es una camisa preciosa* algunos alumnos dicen que el sujeto es *una camisa* y el atributo *preciosa*, pero no es así. El sujeto está omitido y es una tercera persona del singular: *esta*, por ejemplo. *Una camisa preciosa* es el atributo.

En *Hay una persona en la calle* es habitual que digáis que el sujeto es *una persona*. Pero podemos decir *Hay personas en la calle*, sin que varíe el verbo, y no hay un sujeto omitido, porque no es correcto **Él/Ella/Ello hay una persona en la calle*, así que esta oración es impersonal.

> ¿Existe el SPrep sujeto? Tradicionalmente se ha venido enseñando que las preposiciones *entre* y *hasta* podían introducir el sujeto, de modo que en *Hasta/incluso/ni siquiera Juan te mete gol* y *Entre tú y yo lo solucionaremos*, lo subrayado funcionaba como sujeto. Según la NGLE, en estas construcciones *Hasta/incluso/ni siquiera* funciona como un adverbio, el sujeto de la primera es *Juan*, el sujeto de la segunda es *nosotros* y *entre tú y yo* es un predicativo.

3.2 Sintagma verbal predicado verbal (PV o SV-SPV)

NP	
CD	SN (cosas) SP: preposición *a* (personas) PP: me, te, se, nos, os, lo, la, los, las, *le, *les
CI	SP: preposición *a* PP: me, te, se, nos, os, le, les
CC	SAdv SP: cualquier preposición SN
CRég	SP: cualquier preposición (*a, de, en, con, por* son las más habituales)
PVO	SAdj (también SN, SP, *como* + SN, SAdv)
CAg	SP: preposición *por*

Una vez localizado el sujeto, es imprescindible mirar qué tipo de verbo tenemos. Si es un verbo *ser*, *estar* o *parecer* y lleva atributo (el atributo nos da una cualidad del sujeto: nos dice qué es, cómo es, de quién es, quién es, qué parece, cómo parece, cómo está…), entonces tenemos predicado nominal. En caso contrario, tenemos predicado verbal. El programa de edición de oraciones que he usado los llama SV-SPV: nosotros lo abreviaremos PV. Algunos profesores explican también los verbos semicopulativos o semipredicativos: los incluyo en un cuadro después del predicado nominal.

Todo lo que no sea sujeto forma parte del predicado, con excepción de los complementos oracionales. Cuando sepamos si el predicado es verbal o nominal, solo tenemos que aplicar el esquema que corresponde.

El PV tiene como núcleo un verbo no copulativo y seis posibles complementos. En los otros sintagmas no hace falta poner un nombre especial a los complementos, basta con denominarlos CN, CAdj o CAdv, pero en el sintagma predicado verbal hay que especificar si son directo, indirecto, circunstancial, regido, predicativo o agente. Recuerda que estos seis tipos de complementos solo pueden salir de un predicado, nunca de otro sintagma.

He escrito PP para señalarte por separado los pronombres que pueden hacer de CD o de CI y que te fijes en ellos, pero recuerda que un PP forma siempre un SN.

Aunque el uso de *le* y *les* en lugar de *lo* y *los* se considera muchas veces incorrecto, resulta muy habitual, incluso en exámenes de Selectividad, así que tenemos que incluir *le* y *les* entre los pronombres que pueden hacer de CD.

Cada uno de esos complementos tiene una estructura particular. No hagas pruebas a un sintagma para ver si es un complemento determinado si no tiene la estructura necesaria. Por ejemplo, si un SP lleva una preposición *de* no le hagas pruebas de complemento directo o de complemento indirecto, porque solo puede ser complemento circunstancial, complemento de régimen o predicativo. Un SN puede hacer de complemento directo, circunstancial o predicativo, pero no de complemento indirecto (salvo que sea un pronombre personal) o de complemento de régimen. Siempre que tengas un SAdj que complementa a un verbo es predicativo (PVO).

Te recomiendo que, antes de analizar, te hagas preguntas para comprobar que conoces las estructuras. Preguntas del tipo: ¿qué funciones puede desempeñar un SN en el PV?; ¿y un SP con *de* en el PV?

Complemento directo (CD). Si no eres leísta, buscar el CD es algo tan sencillo como sustituir el sintagma sospechoso de serlo por *lo, la, los, las*. Si la oración resultante sigue siendo gramatical, ya tienes tu CD: *Regañaron a Juan > Lo regañaron*, luego *a Juan* es el CD.

Quienes enseñamos a alumnos leístas buscamos el CD pasando a pasiva. En ningún caso lo buscaremos preguntando *¿qué?*: de hacerlo, en oraciones como *Me gusta el fútbol* diremos que el CD es *el fútbol*, cuando en realidad es el sujeto. En ningún caso buscaremos el CI antes que el CD.

La pasiva se forma con *ser* más el participio del verbo que aporte el significado, y el sujeto no realiza la acción, sino que la recibe, como pasa en *Fue admitida en la universidad*. Una vez localizado el sujeto de cualquier oración y comprobado que el verbo es predicativo, pueden ser CD un SN (cuando es de cosa), un SP precedido de *a* (cuando es de persona) y los pronombres átonos que figuran en el cuadro.

Coge al sospechoso de ser CD y colócalo como sujeto de la oración pasiva: para ello, debes quitarle la preposición *a* y, si es un PP que no puede hacer de sujeto, cambiarlo por uno que sí pueda (*yo, tú, él…*). A continuación pon el verbo en pasiva. Ahora pon el sujeto con un *por* delante, como complemento agente. Si la oración tiene sentido, acabas de encontrar el CD. Si no, debes probar con el siguiente.

Vamos con ejemplos. *Me felicitaron los profesores por mis notas*. Identifico el verbo (*felicitaron*) y el sujeto (*los profesores*). *Me* está entre los pronombres que pueden hacer de CD, así que lo pongo de sujeto, con la forma *yo*. Paso el verbo a pasiva, concordando con este nuevo sujeto: *Yo fui felicitado*. Pongo un *por* delante del sujeto de la original: *Yo fui felicitado por los profesores*. Es correcto, así que *me* es el CD. ¿Será igual en *Me gusta el ruido de la calle*? Doy los mismos pasos y me queda **Yo soy gustado por el ruido de la calle*. Es una frase sin sentido, así que *me* no es CD.

Con el verbo *esperar* lo habitual es escribir *A Pepe lo espera su novia* (CD) y *A Pepe le espera una gran alegría* (CI). Cuando el sujeto realiza la acción conscientemente entendemos que hay CD porque Pepe es esperado por su novia. Sin embargo, cuando el sujeto no realiza la acción entendemos que hay CI porque Pepe no es esperado por la gran alegría.

Telefonear puede ser transitivo o intransitivo, pero, si aparece con un PP de los que pueden hacer de CD o de CI, ese pronombre hará de CD. Así que en *Telefonearé el martes* tengo un verbo intransitivo y en *Os telefonearé el martes* uno transitivo cuyo CD es *os*.

En *Escribí a tu hermana*, tu hermana no fue escrita por mí: lo escrito por mí fue una carta que no menciono. Así que *a tu hermana* no es CD, sino CI. Lo mismo ocurre en *Le pegué* o *Le robé*: son CI porque se entiende que le pegué un golpe y que le robé dinero: consideramos incorrectos, referidos a una persona, **La pegué* o **La robé* (salvo que el significado que le dé el hablante sea igual a *La adherí* o *La secuestré*). Esto ocurre cuando el complemento es de persona; sin embargo, sí es correcto *Pegué la foto* > *La pegué* o *Robé la pintura* > *La robé*. Digo *A Paula le pagué* y no **A Paula la pagué*, porque lo pagado es el alquiler o la deuda: si digo *A Paula la pagué*, el hablante entenderá que es ella quien estaba en venta. Con el verbo *pegar* nos encontramos con otro problema: por su significado se cruza con *golpear* y nos confunde. Como no **Golpeo collejas a Pepe*, pero sí *Pego collejas a Pepe*, lo correcto es *Le pego* y *Lo golpeo*.

Algunos verbos pueden variar de significado como transitivos e intransitivos. En *La bruja me encantó*, al pasar a pasiva me queda *Yo fui encantado por la bruja*. Si el verbo significa *gustar mucho* la frase no tiene sentido, pero si significa *hechizar* es correcta: así que en el primer caso es CI y en el segundo CD.

A veces creemos que la oración es tan fácil que no vale la pena hacerle pruebas. Casi todos los alumnos analizan mal *Llamó tonto a Juan*, y dicen que *tonto* es el CD y *a Juan* el CI, porque buscan el CD preguntando *¿qué le llamó?* Pensemos. *Tonto* no puede ser CD porque es un adjetivo, y cuando un adjetivo complementa a un verbo predicativo es siempre predicativo (PVO). Vamos a probar ahora *a Juan* como CD. Recuerda que le tienes que quitar la preposición para hacer la prueba: *Juan fue llamado tonto por él* es correcto. Así que *a Juan* es el CD. Lo mismo ocurre en *A Daniel lo llamaban El Mochuelo*. El CD aparece duplicado (*a Daniel* y *lo*), y *El Mochuelo* no pasa la prueba del CD (no puedo decir **El Mochuelo era llamado a Daniel*, pero sí *Daniel era llamado El Mochuelo*) ni la del CI: es PVO.

Explicar, en *Lo llamó tonto*, por qué se puede sustituir por *Se lo llamó* es muy difícil. En realidad, usamos *lo* porque estamos sustituyendo un PVO, no un CD (por eso nunca podríamos sustituir *La llamó tonta* > **Se la llamó*), y el hablante ha decidido realizar la sustitución como si fuera un atributo.

Si buscas el CI antes que el CD te equivocarás siempre cuando haya un complemento de persona, porque todos responden a la pregunta *¿a quién?* Si en *Saludé a Pepe* empiezo buscando el CI con la pregunta *¿a quién saludé?* acabaré dando *a Pepe* como CI, cuando es CD. Si eres leísta, tampoco pruebes con la sustitución pronominal, puesto que te sonará mejor *Le saludé* que *Lo saludé*.

Para hacer las pruebas de CD o CI a un PP tienes que sustituirlo por *a una persona* o por *una cosa*. En *Se lo di el sábado* debes sustituir *se* por *a él* o por *a una persona* y *lo* por *una cosa* y reordenar la oración. Nos queda *Di una cosa a él el sábado*. Ahora pruebo *una cosa* y *a él* como CD: ¿qué dirías, *Una cosa fue dada a él el sábado* o **Él fue dado una cosa el sábado*? Lo primero, ¿verdad? Por eso *lo* es el CD y no *se*.

Si al sustituir la frase te suena rara, en lugar de *una persona* o *una cosa* pon un SN que te suene bien: *Di el paquete a Juan el sábado*. Ahora haz la prueba. *El paquete fue dado a Juan por mí el sábado* es correcta, pero **Juan fue dado el paquete por mí el sábado* no lo es. Así que el CD es *lo*.

Una prueba más rápida y sencilla consiste en preguntarse *¿Quién es (el) + participio?* o *¿Qué es lo + participio?* En *Vi desde lo lejos la ciudad*, la pregunta *¿qué fue lo visto?* nos muestra el CD, *la ciudad*. En *Avisé tiempo atrás a la familia*, la pregunta *¿Quién fue avisada?* nos muestra el CD, *la familia*. Si la vas a usar, sé prudente: algunos de mis alumnos se confunden más que con la pasiva. En *Llamó idiota a Felipe* preguntan *¿Qué fue lo llamado?* y me dicen que el CD es *idiota*. En *María maquilló los ojos a Lucía* preguntan *¿Quién fue la maquillada?* y me dicen que *Lucía* es el CD.

A veces el CD aparece dos veces: *Las manzanas me las comí enseguida*. *Las manzanas* significa lo mismo que *las* y desempeña la misma función. Así que, con probar una de las dos, encontramos la función. Como *Las manzanas fueron comidas por mí enseguida* es correcta, tanto *las manzanas* como *las* es el CD. Conviene señalar con una nota *El CD aparece duplicado*.

A veces un verbo transitivo (los que necesitan CD) no lleva el CD escrito porque resulta obvio. Cuando digo *He comido con Lucía*, aunque *comer* es transitivo, no hace falta que ponga el CD, porque todos entienden que he comido comida. Solo si quiero especificar qué comida pondré el CD: *He comido paella con Lucía*.

Algunos verbos transitivos no admiten la transformación a pasiva. No la admiten los impersonales (*Hace frío*, *Hay tres personas*) ni el verbo *tener* (*Tengo tres amigos*). Son incorrectos **El frío es hecho*, **Tres personas son habidas* y **Tres amigos son tenidos por mí*. En estos casos solo podemos usar la sustitución por el pronombre correspondiente para probar que son CD: *Lo hace*, *Las hay*, *Los tengo*. No temas cometer leísmo en estos casos. Es realmente difícil que un hablante sustituya el complemento de las frases anteriores por un pronombre de indirecto **Le hace*, **Les hay* o **Les tengo*. En caso de duda, usa el *Diccionario de la Real Academia* (DRAE) y el *Diccionario Panhispánico de Dudas* (DPD). Ambos pueden ser consultados de forma gratuita en línea. Mira si el verbo aparece como transitivo (*tr.*) o intransitivo (*intr.*).

Conviene tener en cuenta que los verbos de afección psíquica (*afectar, asustar, asombrar, convencer, divertir, impresionar, molestar, ofender, perjudicar, preocupar...*), aunque figuran en el DRAE como transitivos, admiten, según el *Diccionario Panhispánico de Dudas*, tanto pronombres de CD como de CI, dependiendo de si el sujeto es agente activo de la acción y de la voluntariedad de esta. Según el DPD *me* es CI en *Me divierte la lluvia* y CD en *Me divierte Juan*: sin embargo, para el DRAE, es CD en ambos casos. Se trata de todo un desafío para el complejo asunto del leísmo, loísmo y laísmo. Según el DPD debemos decir *A María le ofendió tu comportamiento* y *A María la ofendió Pepe*.

Aunque explicamos que el CD es SN cuando se refiere a cosa y SP cuando se refiere a un ser animado, el asunto no es tan sencillo. Decimos *He visto un escarabajo/a mi perro*. Esto se debe a que, en ocasiones, usamos la preposición cuando el CD está claramente definido: *Solicitó una enfermera* frente a *Solicitó a la enfermera experta en quemados*. Por eso veo *a mi perro* (un animal definido, al que conozco) y veo *un escarabajo* (un animal no definido: cualquier escarabajo). Algunos verbos exigen la preposición (*Esa sopa resucitaría a una piedra*, *Esa sopa ayuda al estómago*) y otros no la admiten (*Pidió tres ayudantes*, *Tengo tres primos*). Otras veces usamos la preposición para deshacer ambigüedades (*Vence a la osadía la prudencia*). El verbo *aprender* exige la preposición *a* cuando lo sigue una proposición subordinada sustantiva con infinitivo (*Aprendió a comportarse bien*), que ejerce de término de un SP complemento de régimen. Sin embargo, si le sigue un SN es un verbo transitivo: *Aprendió la lección*.

Si no eres leísta, ni laísta, puedes buscar el complemento **indirecto** (CI) sustituyéndolo por *le* o *les*. A mis alumnos les suena bien *A Pepe le avisaron*, pero tú dirás *A Pepe lo avisaron*, de modo que no confundirás el directo con el indirecto. A algunos de mis alumnos les suena bien **La pidió dinero a su hermana*: si no eres laísta dirás *Le pidió dinero a su hermana*.

Si eres leísta, puedes buscar el CI preguntando *¿a quién?* al verbo, siempre después de buscar el CD. Si buscamos primero el CI nos equivocaremos siempre. Si en *Nos saludaron los vecinos* preguntamos *¿A quién saludaron los vecinos?* la oración nos responderá *a nosotros*, nos equivocaremos y pondremos CI. Pero si buscamos primero el CD veremos que *Nosotros fuimos* *saludados por los vecinos* es correcta. Así que *nos* es CD. En *Entregaron el Balón de Oro al mejor jugador*, el Balón de Oro fue entregado al mejor jugador, de modo que es el CD. Después pregunto *¿A quién entregaron el Balón de Oro?* Responde *al mejor jugador*, así que es CI.

Es muy habitual que el CI aparezca dos veces en el mismo predicado. Eso no significa que haya dos CI. Es el mismo, pero aparece dos veces. Conviene indicarlo en una nota. No incluyo la abreviatura *dupl* bajo el pronombre *le* porque no se vería nada.

Le pedí el libro a mi mejor amigo.	Pídele la moto a tu hermano.	¿Te parece bien a ti?
SN/CI NP SN-CD SP-CI dupl	NP SN/CI SN-CD SP-CI dupl	SN-CI Cóp S Adv Atrib SP CI dupl
SV-SPV	SV-SPV	SV-SPN
O. Simple SO: Yo	O. Simple SO: Tú	O. Simple SO: Eso

Para asegurarnos de que tenemos un CI debemos comprobar siempre que lo que hemos marcado como CI se puede sustituir por *le* o *les*. Así, en *Acudió a su abuelo*, *a su abuelo* responde a la pregunta *¿a quién?*, pero la sustitución **Le acudió* no es posible. Se trata de un CRég. Recuerda: si no se puede sustituir por *me, te, se, nos, os, le* o *les*, no es CI.

Cuando el CI no es de persona o no está personificado, no responde a la pregunta *¿a quién?* En *No daba importancia a la ropa*, el CI es *a la ropa*. Como no responde a la pregunta *¿a quién?*, el único modo de localizarlo es recurrir a la sustitución pronominal: *No le daba importancia*.

Tradicionalmente se ha explicado que la preposición *para* podía introducir también el CI, pero existen dos buenas razones para descartarlo.

Si digo *Solicité una beca para mi hijo*, aplicando ese criterio, diríamos que *para mi hijo* es el CI. Sin embargo, el verdadero CI, la persona o entidad a la que solicito la beca, no aparece en la oración, aunque sí en esta: *Solicité una beca para mi hijo a la Comunidad de Madrid*. Si afirmo que *para mi hijo* es CI tendría que admitir que en la segunda oración hay dos CI, lo cual no es posible. Lo mismo ocurriría en *Me parece sencillo para ti* (aunque también puede considerarse que *para ti* es CAdj de *sencillo*).

La segunda razón tiene que ver con la sustitución pronominal. Cuando escribo un CD o un CI al principio de la oración debo poner luego un pronombre átono: *He saludado a Fernando* se convierte en *A Fernando lo he saludado* y *Dije la verdad al juez* en *Al juez le dije la verdad*. Sin embargo, eso no ocurre con la preposición *para*: *Envolví el regalo para mi hermana* no se convierte en **Para mi hermana le envolví el regalo*. Suele aducirse como prueba de que se trata de un CI que puedo sustituir la oración anterior por *Le envolví el regalo*, pero no es cierto: en realidad, estoy haciendo la sustitución en la oración, muy similar en la forma, *Envolví el regalo a mi hermana*.

A estos complementos, como *Compré una bici para mi hermana*, o *Envié una carta*

> *para el director* los llamaremos complementos circunstanciales de destinatario (CCDest). Algunos llaman a este complemento CC de beneficiario, pero a mí me cuesta ver a veces el beneficio que recibe el destinatario: *Ha salido la sentencia para Juan ordenando su inmediata decapitación.*

El complemento **circunstancial** (CC) se busca realizando distintas preguntas, según el tipo que busquemos: modo (¿cómo?, CCM), lugar (¿dónde?, CCL), tiempo (¿cuándo?, CCT), cantidad (¿cuánto?, CCCant), causa (¿por qué?, CCCausa), finalidad (¿para qué?, CCFin), destinatario (¿para quién?: *Actué para los espectadores*, CDest), compañía (¿con quién?, CCComp), instrumento (¿con qué?, CCInst). Hay otros que no responden a preguntas, como el de condición (*en caso de duda*, CCCond), el de posibilidad (*quizás*, CCPosib), el de concesión (*a pesar de su esfuerzo*, CCconces), el de negación (*no, tampoco*, CCNeg), el de afirmación (*sí, también*, CCAfirm) y el desiderativo (que expresa deseo: *ojalá*, CCDesid). Algunos profesores distinguen el CC de materia (para nombres incontables: *Abrí la puerta con pólvora*) del CC de instrumento (para contables: *Abrí la puerta con la llave*).

Es importante que te asegures de que el CC no solo responde a la pregunta, sino que expresa la circunstancia que vas a escribir. Por ejemplo, en *Fui al cine con mis amigos*, *con mis amigos* responde a ¿*con quién fui al cine?* y además es cierto que fui al cine con ellos, que me acompañaron al cine, así que es circunstancial de compañía. Sin embargo en *Cuento con mis amigos*, a la pregunta ¿*con quién cuento?*, la oración responde *con mis amigos*, pero mis amigos no me acompañan para contar, así que no es CCComp, sino complemento de régimen (CRég).

Lo mismo ocurre con *Me encontré con María*. *Con María* responde a la pregunta ¿*con quién me encontré?*, pero María no me acompañó a encontrar nada, así que no es CCComp, sino CRég.

En *Abrí la puerta con el martillo*, *con el martillo* responde a la pregunta ¿*con qué?* y además es el instrumento con el que abrí la puerta, así que es CCInst, pero en *Reía con furia* el sujeto no usaba la furia para reír, de modo que, aunque responda a la pregunta no es CCInst, sino CCM.

Para buscar el CCL hay que poner la preposición que lleve el complemento antes de la pregunta (con *a* no es necesario). Si analizamos *Salí de Córdoba por la A-4 hacia Madrid*, las preguntas serán ¿*de dónde saliste?*, ¿*por dónde saliste?* y ¿*hacia dónde saliste?* En este caso el mismo verbo tiene tres CCL.

> El criterio que hemos seguido para identificar y clasificar los circunstanciales es eminentemente semántico, porque es el procedimiento que domina en la enseñanza Secundaria. No obstante, según criterios exclusivamente sintácticos, podríamos distinguir entre argumentos (imprescindibles para que la oración tenga sentido pleno: CD, CI, CRég en el SP, PVO en los verbos semicopulativos; atributo en los copulativos) y adjuntos (añaden información

adicional: CC). Si sigues este criterio en clase, los alumnos deberían buscar el CRég antes que los CC, puesto que convendría localizar primero todos los argumentos y luego todos los adjuntos.

Según este razonamiento, en *Vive en Córdoba* tenemos un CRég y no un CCL, porque el criterio básico para localizar este complemento es que resulte imprescindible, y en *Vive*, sin el SPrep, el verbo ha cambiado de significado o la oración es agramatical. El asunto es interesante en el ámbito universitario, pero en Secundaria resulta muy complejo para el alumno, al que al final, por lógica, habría que explicarle que en *Vive en Córdoba* el SP es CRég, pero en *Vive feliz en Córdoba* es CCL, puesto que todos convendremos en que *Vive feliz* es gramatical. También habría que considerar que este SP puede sustituirse por un adverbio (*Vive allí*), lo que no resulta compatible con el CRég, tal y como se explica en Secundaria. Por otra parte, los verbos de movimiento direccional exigen siempre un CCL, pero no una preposición determinada, como es propio del CRég (*Llegó a/por/de/desde/hasta Madrid*). Tampoco creemos que en este nivel deban explicarse los CCL en correlación, que algunas gramáticas explican como CRég (*Viajó de Valencia a Barcelona*).

Explico CC de afirmación, negación, duda y deseo, aunque en realidad estos complementos indican la modalidad de la oración, como también aquellos CC que no responden a una pregunta.

Para ser exactos, en lugar de sacarlos del predicado deberíamos hacerlos salir en una barra aparte, a la misma altura que la barra de la oración (de esa primera barra sacaríamos oración o proposición y los complementos oracionales; de la oración o la proposición, por ejemplo, el sujeto y el predicado). Eso significaría que cada vez que encontremos un *no* tendríamos que romper la raya del predicado, lo que resulta una distracción peligrosa para el alumno. Por coherencia con lo expuesto, prefiero analizar los complementos de concesión y condición, también en realidad complementos oracionales, como CC.

En clase solo explico como complementos oracionales los que aparecen separados por comas. La razón de que introduzca este difícil concepto, aunque no lo aplique rigurosamente, es que, en caso contrario, no hay modo de analizar los vocativos o las interjecciones.

Modalidades de la oración. La oración se puede clasificar por criterios semánticos según su modalidad, es decir, según la actitud del hablante ante lo que desea comunicar. Esta es una clasificación semántica que tiene consecuencias sintácticas, porque los elementos que usamos para indicar la modalidad se llaman modalizadores y son, en realidad, complementos oracionales, puesto que complementan a toda la oración y no solo al predicado, aunque, por sencillez pedagógica, yo los analice como CC.

Según su modalidad, las oraciones pueden ser enunciativas afirmativas (afirman de forma objetiva: *Sí que caminamos por la sierra*), enunciativas negativas (niegan de forma objetiva: *No caminamos por la sierra*), interrogativas (preguntan:

> *¿Por dónde caminasteis?*), exclamativas (expresan emoción: *¡Caminamos muchísimo!*), desiderativas (expresan deseo: <u>*Ojalá*</u> *hubiéramos caminado por la sierra*) y dubitativas (muestran duda: <u>*Quizás*</u> *caminaremos por la sierra*).
> Llamamos a las palabras subrayadas modalizadores porque sirven para indicar la modalidad de la oración. También los signos de interrogación y de exclamación son modalizadores.

El complemento regido o **de régimen** o suplemento o complemento de régimen verbal (CReg, CRég, CSup o CRV) es un complemento imprescindible para que el verbo tenga significado completo, como el CD. Debes asegurarte de buscarlo en cuarto lugar.

En *Cuento con mis amigos*, el que cuenta tiene que contar con algo o con alguien para que el verbo signifique *tener confianza en*; en caso contrario significará *decir un número detrás de otro*; así que es CRég. Lo mismo ocurre con *acordarse de, alegrarse de, casarse con, soñar con, confiar en, creer en, preguntar por, referirse a, tratar sobre...*

Son muchas las preposiciones que pueden introducir un CRég, pero lo habitual es que un verbo exija siempre la misma preposición. A veces un verbo puede admitir su CRég con varias preposiciones equivalentes entre sí: *chocar con/contra, hablar de/sobre/acerca de*.

Puede darse el caso de que un verbo admita dos preposiciones distintas y no equivalentes entre sí: *afanarse por/en, esforzarse por/en*. En *alegrarse por/de* o *preocuparse por/de* algunos profesores enseñan que ambas preposiciones introducen CRég y otros que cuando aparece *por* se trata de un CC causa. En *convertirse a/en* o *quedar en/con* el verbo cambia de significado según la preposición que introduzca el CRég. *Se convirtió <u>en ingeniero</u>, Presume <u>de guapo</u>* y *Lo dieron <u>por muerto</u>* son analizados a veces como CRég, otras como PVO y otras como PVO obligatorio.

Es muy importante que compruebes, antes de poner CRég, que has descartado el CCL, porque todos los verbos de movimiento que indiquen dirección lo exigen, así que puedes pensar que el que viene siempre viene de un sitio, o que quien va siempre va a un sitio. Fíjate en que dices *a un sitio*. En *Salí de mi casa*, *de mi casa* es CCL y no CRég. En *Fui a la verbena*, *a la verbena* es CCL y no CRég. Si puedes sustituir el Sprep por *allí* no es CRég (*Vive en Málaga > Vive allí; Salí de casa > Salí de allí; Fui a la fiesta > Fui allí*).

Considero que *Viene <u>de Cádiz</u>* (*Viene <u>de allí</u>*) es un CCL, pero pregunta a tu profesor, porque algunos prefieren analizarlo como CRég. Lo mismo puede ocurrir con el CCT. Yo analizo *Data <u>de 1808</u>* (*Data <u>de entonces</u>*) como CCT, pero tal vez tu profesor lo considere CRég. En cualquier caso, puesto que el asunto es muy discutible, me parece prudente admitir las dos posibilidades.

A diferencia de lo que ocurre con el CD y el CI, sí es posible encontrar dos CRég con el mismo verbo: *Charló con sus amigos de política, Se comprometió con su jefe a trabajar más* o *Coincido con tu primo en sus opiniones*. Algunos profesores prefieren analizar estos tres complementos con la preposición *con* como CC de compañía.

> Algunas palabras exigen una preposición determinada (*su confianza en tu talento, su devoción por las motos, su costumbre de gritar*). La NGLE los considera complementos de régimen. Yo prefiero explicarlos a los alumnos como complementos propios del sintagma correspondiente (CAdj, CAdv, CN), sin especificar más.

> No siempre resulta sencillo distinguir el CRég del CI. En oraciones como *Se abrazó a su padre* o *Se aproximó a su abuelo* podemos sustituir por *Se le abrazó* o *Se le aproximó*. Sin embargo la duplicación del CI suena forzada: **Se le abrazó a su padre*; **Se le aproximó a su abuelo*. Por otra parte, la sustitución resulta aún más cuestionable si el complemento es de cosa *Se abrazó a la esperanza* > *Se le abrazó*, *Se aproximó al final de su vida* > *Se le aproximó*. Parece que estos verbos funcionan con CI cuando el complemento es de persona y con CRég cuando no lo es.

El **predicativo** (PVO) es un complemento del verbo que se refiere al sujeto o al CD y suele concordar con él. Normalmente es un adjetivo: *Llegaron cansados a la fiesta*; *Andaban confiados por el monte*; *Volvieron del viaje resfriados* (en estos casos el PVO concuerda con el sujeto y se llama PVO subjetivo), *Me entregó envueltos los paquetes*, *Se puso negra la camisa de tanto humo*, *Tiene rubias las cejas*, *Llamó tonto a Juan* (en estos casos el PVO concuerda con el CD y se llama PVO objetivo). Todo adjetivo que complementa a un verbo predicativo es PVO.

Es importante que comprendas que los adjetivos que van subrayados te dicen cómo se realiza la acción verbal: cómo llegaron, cómo andaban, cómo volvieron, cómo entregó los paquetes, cómo se puso la camisa, cómo tiene las cejas o qué le llamó. Es decir, que complementan al verbo, pero te aclaran algún aspecto del sujeto o el CD.

También podemos tener PVO con SN (*Nombraron presidente a Juan*), con un SP (*Lo eligieron de presidente*; *Las jugadoras charlaban entre ellas*), con un *como* delante (*Lo eligieron como presidente*: en este caso *como* funciona como preposición) o con un SAdv (*Con ese vestido, te veo muy bien*). Reconocerás cualquier PVO porque encontrarás un sintagma que complementa al verbo, pero a la vez concuerda (en casi todos los casos) en género y número con el sujeto o con el CD. También puedes probar si la oración implica predicación secundaria. Lo sabrás si puedes formular ese complemento con un verbo *estar* delante. Así, en *Me lo entregaron pintado de azul* afirmo que me lo entregaron y que estaba pintado de azul. Así que *pintado de azul* funcionaría como atributo en una oración copulativa paralela que el hablante tiene en la mente. No todos los predicativos expresan esa predicación secundaria, pero parece razonable considerar predicativo a todo complemento que implique una predicación secundaria, aunque en clase muchos de ellos sean analizados como circunstanciales.

Cuando el PVO es un SAdv, lógicamente, no concuerda con el sujeto ni con el CD, pero se refiere a uno de ellos. En *Te veo muy bien con los prismáticos*, *muy bien* se refiere solo a cómo te veo (CCM); en *Con esa corbata te veo muy bien*, *muy bien* complementa también al CD, y es PVO: significa que tú estás muy bien (predicación secundaria), no que yo te vea con claridad. La diferencia entre PVO y CCM es sutil. En *Nació con una enfermedad rara*, yo veo PVO, pero muchos profesores analizarán como CCM.

Aunque aparecen poco, también hay predicativos que se refieren al CI (*Le realizaron la prueba sedado*), al CRég (*Me acuerdo de tu casa pintada de azul*) o incluso al CN (*Nos reíamos de la foto de María disfrazada*).

> En realidad el funcionamiento del PVO es más complejo. Se trata de un complemento que implica una predicación secundaria, salvo cuando es argumental. Cuando digo *Llegaron cansados a la fiesta* la oración implica que llegaron a la fiesta y que estaban cansados (esta es la segunda predicación). Ello abre la posibilidad de que muchos de los considerados CC puedan ser analizados como PVO. Cuando digo *El vídeo me llegó sin precinto* quiero decir que el vídeo me llegó y que estaba sin precinto, de modo que parece que *sin precinto* podría ser PVO. Cuando digo *Vi a tu tía en el salón*, si quien estaba en el salón soy yo tenemos un CCL pero si es tu tía tenemos un PVO.
>
> También es habitual decir que el PVO es un complemento prescindible (no argumental). Sin embargo, parece que no siempre es así, puesto que resulta imprescindible, no solo con verbos semicopulativos (*Se volvió loco*), sino también con verbos predicativos (*Considero a Laura valiente*). En estos casos no es posible recurrir a la doble predicación porque el PVO es argumental.
>
> En oraciones como *Vi al caballo coceando*, al probar la doble predicación encontramos que en *el caballo estaba coceando* no tenemos un atributo, sino una perífrasis durativa. En cualquier caso, parece claro que yo vi al caballo y que el caballo coceaba, luego resulta razonable analizar la PSAdv con función de PVO.

> Existen oraciones difíciles de analizar, como *Se quedó tranquila sola* o *Estaba tranquila sola*. O admitimos que hay doble predicativo y doble atributo, o buscamos elementos omitidos que permiten recuperar una construcción absoluta (*Se quedó tranquila estando sola*).

El complemento **agente** (CAg) aparece solo en las pasivas, lleva delante la preposición *por* y realiza la acción verbal, ya que el sujeto, en estas oraciones, recibe esta acción. Comparemos tres oraciones: *Fue sorprendido por su despiste*, *Fue sorprendido por la noche* y *Fue sorprendido por la policía*. Todos cumplen las dos primeras condiciones, pero solo *la policía* realiza la acción de sorprender, así que *por la policía* es CAg, pero no lo son *por su despiste* (CCCausa) ni *por la noche* (CCT).

3.3 Sintagma verbal predicado nominal (PN o SV-SPN)

Cóp (cópula)
At (atributo): SAdj, SN, SP, SAdv, PP *lo*.
CC: SAdv, SP, SN
CI: SP con **a**, PP: *me, te, se, nos, os, le, les*

Ante un verbo *ser, estar* o *parecer* tenemos que asegurarnos de que lleva atributo. Solo si lleva atributo forma PN; si no, forma PV. Aunque el programa de análisis que he usado lo llama SV-SPN, aquí lo abreviamos como PN.

Tenemos PN en *Juan está cansado, Juan está de los nervios, Juan está para el arrastre, Juan está bien, Juan es un ingeniero famoso, Juan es de los nuestros, Juan es de confianza, El bolígrafo es mío, Mi amigo es Juan, Juan parece honesto, Juan parece un oso*.

Es PN porque uno de los complementos verbales nos dice del sujeto cómo está, qué es, cómo es, de quién es, quién es, cómo parece o qué parece. Sin embargo, son PV *Juan está en Sevilla* (CCL), *El bolígrafo es para escribir* (CCFin), *Estoy con mis amigos* (CCComp), *Se parece a su padre* (en este caso el verbo es *parecerse* y *a su padre* es CI).

Basta con que aparezca un atributo para que tengamos PN. En *Está en la calle con sus amigos* no hay atributo, así que es PV, pero en *Está muy contento en Jaén con sus amigos* tenemos un atributo y, por tanto, PN.

El pronombre personal *lo* puede ser atributo, porque puede sustituir a este complemento: *Estoy contento > Lo estoy*. No admite variación de género o número. Si podemos sustituir un complemento por *lo* en el PN es prueba de que se trata de un atributo.

Hay que tener cuidado con las oraciones que llevan el sujeto omitido. En la oración *Es un atleta famoso* es habitual que los alumnos digan que el sujeto es *un atleta* y el atributo *famoso*, pero en realidad el sujeto está omitido (*él*) y *un atleta famoso* es el atributo.

Cuando tengamos dos SN unidos por un verbo copulativo, el mejor modo de saber cuál es el atributo es probar cuál de los dos se deja sustituir por *lo*. En *¿Es Juan un buen ingeniero?* podemos decir *Juan lo es*, pero no *Un buen ingeniero lo es*, así que *un buen ingeniero* es el atributo y *Juan* el sujeto.

> Existen verbos que funcionan de modo similar a los copulativos, puesto que exigen un complemento, al que podemos llamar predicativo (entonces analizaremos su predicado como PV) o atributo (entonces analizaremos su predicado como PN), pero no están totalmente desprovistos de significado, o no admiten la sustitución de dicho complemento por *lo*. En *Estos días ando cansado*, el verbo *ando* ha perdido el significado de *camino* y funciona como *estoy*, pero no puedo sustituir la oración por **Lo ando*. Llamamos a estos verbos **semicopulativos** o semipredicativos. Son muchos: *Se volvió loco, Se hizo la tonta,*

> *Se puso enfermo, Se quedó pasmada, Se mantuvo callada, Resultó imposible, Sigue contento*... Quienes los analizamos como predicativos lo justificamos diciendo que en estos casos resulta imposible la sustitución por *lo*: *Se volvió loco* > **Se lo volvió* (aunque existe alguna excepción: ya citamos el caso *Llamé guapa a Sofía* > *Se lo llamé*). Quienes los analizan como atributo dicen que se trata de complementos imprescindibles (argumentales), lo que no pasa con el PVO: puedo decir *Pepe llegó cansado* o *Pepe llegó*, sin que varíe el significado del verbo *llegar* o la oración se vuelva incorrecta, pero no puedo usar el verbo con el mismo significado en *Pepe se volvió loco* y en *Pepe se volvió*, puesto que ahora significaría *Pepe se dio la vuelta*.

El sujeto suele concordar con el atributo, pero no lo hace siempre: *El problema son las Matemáticas, Eso son tonterías*. En el caso anterior, *El problema lo son* no tiene sentido, pero *Las Matemáticas lo son* sí, así que *el problema* es el atributo. *Eso lo son* tiene sentido, pero *Tonterías lo son* no, así que *eso* es sujeto y *tonterías* atributo. Como ves, en este caso el verbo concuerda con el atributo en lugar de con el sujeto y en el anterior al revés.

Uno de los errores más habituales viene de confundir predicados nominales con verbos pasivos. Como norma general, recuerda que *ser* + participio forma pasiva y *estar* + participio forma cópula y atributo. Fíjate en que en *Eso fue decidido* tenemos una acción, pero en *Eso está decidido* lo que tenemos es un estado.

Por supuesto, existen casos como *Él es parecido a su padre* o *Sois bienvenidos*, que no tienen sentido pasivo y donde *parecido* y *bienvenidos* funcionan como adjetivos y no como verbos, pero son excepcionales.

Cuando te salga *fuimos contratados, eran descubiertos* o *sois valorados* analiza los verbos en forma pasiva; cuando tengas *estuvimos contratados, estaban descubiertos* o *están valorados*, analiza con un predicado nominal, con cópula y atributo.

Fueron saboteadas todas las intalaciones.
NP	Det	Det	N
SV-SPV		SN-Suj	
O. Simple			

Estaban destrozadas todas las instalaciones.
Cóp	S Adj-Atrib	Det	Det	N
SV-SPN			SN-Suj	
O. Simple				

No fueron informados de los cambios.
			Det	N
		E	SN-Térm	
S Adv CC neg	NP		SP-C Rég	
	SV-SPV			
O. Simple SO: Ellos				

No estaban informados de los cambios.
			Det	N
		E	SN-Térm	
S Adv CC neg	Cóp	N	SP-C Adj	
		S Adj-Atrib		
	SV-SPN			
O. Simple SO: Ellos				

En *Me pareció realmente difícil*, el SAdj nos indica cómo me pareció, así que es el atributo y el predicado es nominal (*Me lo pareció*). En *Tus amigas están en clase muy distraídas*, tenemos un SAdj que dice cómo están tus amigas, de modo que es predicado nominal (*Lo están en clase*).

Me pareció realmente difícil.				Tus amigas están en clase muy distraídas.					
		SAdvCAdj	N			E	SN Térm	SAdvCAdv	N
SN CI	Cóp		S Adj-Atrib	Det	N	Cóp	SP-CC L		S Adj-Atrib
	SV-SPN				SN-Suj	SV-SPN			
O. Simple SO: Eso				O. Simple					

> Alarcos niega la existencia de la pasiva basándose, entre otras cosas, en que es posible *Ellos fueron descubiertos > Ellos lo fueron*. Para él todas las pasivas son en realidad copulativas.

En *No está aquí*, el adverbio *aquí* no dice cómo está, sino dónde está: es un CCL. Como no podemos encontrar un atributo, el predicado es verbal (*No lo está* es correcto, pero no equivale a esta oración). En *Lo parece* debes recordar que *lo* puede sustituir en estas oraciones a un adjetivo; puede significar que parece hermoso o que parece fácil; por eso es el atributo. También podría sustituir a un SN (*Parece un ángel*), un SPrep (*Parece de cartón*) o un SAdv (*Parece bien*). En *No está bien* hay un adverbio en el predicado que nos indica cómo está la acción, no dónde, así que funciona como atributo (*No lo está*). En *Es un famoso actor sueco* debes tener cuidado para localizar el sujeto omitido; como ya dijimos, un error habitual es decir que el sujeto es *un famoso actor* y *sueco* es el atributo.

No está aquí.			Lo parece.		No está bien.			Es un famoso actor sueco.			
S Adv CC neg	NP	S Adv CC L	SN Atrib	Cóp	S Adv CC neg	Cóp	S Adv Atrib		Det	S Adj-CN N	S Adj-CN
			SV-SPN			SV-SPN		Cóp		SN-Atrib	
SV-SPV			O. Simple SO: Eso		SV-SPN				SV-SPN		
O. Simple SO: Eso					O. Simple SO: Eso			O. Simple SO: Él			

En *Es de los nuestros* tenemos un SP que nos indica una cualidad del sujeto, así que funciona como atributo (*Lo es*). *¿De quién es ese perro?* es una oración en la que fallan muchos alumnos; el sujeto es *ese perro*, como demuestra la concordancia, y *de quién* indica una característica importante del perro, que es a quién pertenece, así que se trata de un atributo. En *Está en la cama con fiebre desde el martes*, puede parecerte que solo tenemos circunstanciales y, por tanto, el predicado es verbal, pero *con fiebre* responde a una cualidad del sujeto, te dice cómo está, de hecho, incluso existe el adjetivo *febril*, así que es el atributo.

Es de los nuestros.				¿De quién es ese perro?				Está en la cama con fiebre desde el martes.			
	Det	N		E	SN Térm			Cóp	SP-CC L	SP-Atrib	SP-CC Tpo
E	SN-Térm			SP-Atrib	Cóp	Det	N		SV-SPN		
Cóp	SP-Atrib			SV-SPN		SN-Suj					
SV-SPN				O. Simple				O. Simple SO: Ella			
O. Simple SO: Él											

En los siguientes ejemplos, *de los nervios*, *para el arrastre* y *en las últimas* son locuciones adjetivales: eso quiere decir que son grupos de palabras que ya no funcionan con autonomía sino como un adjetivo (*nervioso, agotado, desahuciado*) que ejerce de atributo. Si tenemos *Está en la luna*, que significa *Está distraído*, el predicado es nominal; si tenemos *Está en la Luna*, eso significa que es astronauta y está en el satélite, así que es predicado verbal y el tipo tiene suerte: hasta ahora solo 12 personas lo habían logrado. En *Está en Valencia desde el martes* se nos indica dónde está y desde cuándo, pero no cómo está: por tanto no hay atributo y el predicado es verbal. En *Están listos para la carrera*, *para la carrera* puede ser CAdj o complemento circunstancial de finalidad.

Está en las últimas.	Está para el arrastre.	Está de los nervios.	Está en Valencia desde el martes.	Están listos para la carrera.
Cóp S Adj-Atrib	Cóp S Adj-Atrib	Cóp S Adj-Atrib	NP SP-CC L SP-CC Tpo	E SN-Térm
SV-SPN	SV-SPN	SV-SPN	SV-SPV	N SP-C Adj
O. Simple SO: Ella	O. Simple SO: Ella	O. Simple SO: Él	O. Simple SO: Ella	Cóp S Adj-Atrib
				SV-SPN
				O. Simple SO: Ellos

En *El partido es en el estadio nuevo* no tenemos atributo, sino CCL; además el verbo *ser* significa *tiene lugar*, así que tenemos un predicado verbal. En *Está con sus amigos en una fiesta* no hay ningún complemento que nos diga cómo está, así que tenemos un predicado verbal. En *Están felices los perros en el campo* debes fijarte en que el sujeto va en mitad de la oración.

El partido es en el estadio nuevo.	Está con sus amigos en una fiesta.	Están felices los perros en el campo.
NP SP-CC L	NP SP-CC Comp SP-CC L	Cóp S Adj Atrib SP-CC L
SN-Suj SV-SPV	SV-SPV	SV-SPN SN-Suj SV-SPN
O. Simple	O. Simple SO: Ella	O. Simple

> Se llaman oraciones ecuativas o identificativas a aquellas en las que se usa un verbo *ser* para mostrar una equivalencia entre dos elementos: *Manolo es el profesor; El profesor es Manolo*. Como ves, uno no dice una cualidad del otro, como pasa en otras copulativas, sino que se plantea una equivalencia, así que resulta difícil determinar cuál es el sujeto y cuál el atributo. Para ello te recomiendo que uses la sustitución por *lo*. En *La mejor serie de televisión es Breaking Bad* no podemos decir *La mejor serie lo es*, pero sí *Breaking Bad lo es*, así que *Breaking Bad* es el sujeto. Más difíciles son las oraciones ecuacionales, un subgrupo de las ecuativas que siempre tienen carácter enfático y en las que un miembro de la ecuación es una PSAdjSust (*A Juan es a quien avisaron*) o una PSAdv (*Allí es donde lo encontraron*), o contiene una PSAdj (*Lo único que quiero es tu felicidad*). Quienes consideran que las PSAdv introducidas por *donde*, *como* y *cuando* son PSAdj con antecedente implícito explican que este miembro de la ecuación siempre tiene que contener una proposición de relativo. Resulta muy difícil establecer en estos ejemplos que existe un sujeto, puesto que los sintagmas aparecen precedidos por preposición. Ante una oración así, lo mejor es explicar que la cópula une dos elementos equivalentes y que la

> oración presenta una construcción definida por su valor enfático, para después analizar ambos segmentos por separado. Un paso más allá tenemos las ecuandicionales (*Si te aviso es porque corres peligro*), en las que uno de los términos de la ecuación es una PSAdv condic. Te propongo dos modos de análisis para ellas. 1- Explica que se trata de un tipo de ecuacionales en las que se establece una relación de identidad y analízalas por separado. 2- En Secundaria, quizá sea mejor considerar un sujeto omitido *eso*, indicar un uso predicativo del verbo *ser* y analizar las dos adverbiales como complementos de este verbo.

Se discute si los verbos copulativos pueden ser impersonales. En oraciones como *Es tarde* no es posible encontrar un sujeto omitido, así que parece impersonal. La sustitución por *Lo es* parece demostrar que *tarde* es atributo y, por tanto, el verbo es copulativo. El problema es que, según el DRAE, verbo copulativo es aquel *de escaso contenido léxico que une un sujeto con un atributo*. Luego, si no hay sujeto, no hay verbo copulativo. También se plantea un problema similar con *Es la una* y *Son las cinco*. En ambos casos se puede sustituir por *lo*. Para algunos hay un sujeto omitido (*la hora, las horas*) y para otros son oraciones impersonales, lo que supone admitir que puede haber oraciones impersonales con el verbo en plural. Pueden analizarse *Hoy está soleado*, *Todavía es invierno*, *Ya es viernes*, *Mañana es fiesta* o *Es tarde* como oraciones impersonales con verbo copulativo, aunque algunos profesores consideran que si no hay sujeto no hay posibilidad de que haya cópula, y el predicado es verbal. En *Hoy está soleado* es fácil buscar un sujeto omitido (*Hoy el día está soleado*), pero resulta más difícil en los otros ejemplos, y parece razonable buscar una explicación que los englobe a todos: podemos razonar que *hoy, todavía, ya* o *mañana* están sustantivados y funcionan como sujeto. Son claramente impersonales oraciones como: *Se es muy rápido en casos de urgencia*.

> En construcciones como *El lápiz es para escribir*, *El boli es para Juan*, *Juan está en Valencia* o *El concierto es en el auditorio* los profesores no se ponen de acuerdo. Para algunos son atributos, porque pueden sustituirse por *lo*: *El lápiz lo es, El boli lo es, *Juan lo está, *El concierto lo es* (para mí las dos últimas son agramaticales). Otros prefieren señalar que en el primer caso *para escribir* es un CCFin y *es* tiene significado léxico (*sirve*), en el segundo *para Juan* es un CCDest, y en el tercero *en el auditorio* es CCL, así que enseñan que tienen PV. Quienes enseñan que forman PN consideran adecuada la sustitución *Estoy en Valencia > Lo estoy*, pero a mí no me parece posible. Imagina la conversación: *¿Vas a estar en Valencia en martes? *Sí, voy a estarlo* o *Sí, lo voy a estar*. Para mí solo es posible la sustitución por un adverbio: *Sí, voy a estar allí*. La NGLE llama a este complemento atributo locativo, lo que supone una solución de compromiso.

Usos predicativos del verbo ser:
1- Cuando significa *tener lugar, ocurrir, suceder*: *El concierto será en el auditorio. El accidente fue en esa carretera.*
2- Cuando significa *existir*: *Pienso, luego soy. El ser es y el no ser no es.*
3- Cuando significa *servir* y no es posible encontrar atributo: *El bolígrafo es para escribir*. Sin embargo, yo diría que en *Tu carta me fue de ayuda* sí tenemos PN, porque *de ayuda*, que equivale a un adjetivo, como *útil*, funciona como atributo.
4- Cuando significa *convenir*: *Este trabajo no es para mí.*
5- Cuando en lugar de atributo aparece un CCDest: *El balón es para María.*
6- Cuando el hablante responde a la cuestión *¿Vendrás mañana?*, con un *Eso es*, parece que no existe un atributo omitido: el hablante no piensa en *Eso es así*.
7- Cuando carece de atributo, no es preciso entenderlo como omitido y la oración es gramatical: *Eso no puede ser.*
8- Algunos profesores consideran que no existen las impersonales copulativas y entienden que hay PV en *Era por la mañana, Era invierno, Es tarde*.
Usos predicativos del verbo estar:
1- Cuando va acompañado de un CCL o un CC de compañía, sin que aparezca atributo: *Estoy en Sevilla. Está con sus amigos.*
2- Cuando significa *estar presente*: *Están todos los diputados; No estoy para nadie.*
3- Cuando falta atributo y le sigue una expresión temporal: *Estamos a jueves; Estamos en verano; Estamos a final de mes.*
Usos predicativos del verbo parecer:
1- *Parecerse* siempre es predicativo: *Él se parece a su padre.*
2- Cuando *parecer* se construye con una subordinada sustantiva, como en *Parece que lloverá*, algunos piensan que la subordinada funciona como atributo por la sustitución *Lo parece* y otros que funciona como sujeto por la sustitución *Eso parece*. Cada uno, según las teorías de análisis que siga, deberá decidir si en *Parece que llueve* tenemos un uso intransitivo de *parecer*, en la que la subordinada sería el sujeto, pero no habría atributo, o un uso impersonal. Esta segunda opción abre, a su vez, otras dos: unos admiten usos impersonales para verbos copulativos y otros no.
3- Los profesores que consideran que no existen impersonales copulativas, señalan que hay PV en: *Parece demasiado tarde.*

3.4 Complementos oracionales (COrac)

Debes analizar estos complementos fuera del sujeto y del predicado, porque no complementan al sujeto ni al verbo, sino a la proposición entera. Nosotros solo vamos a analizar así los que van entre comas, pero no los otros modalizadores ya explicados.

Los complementos oracionales pueden aparecer en cualquier lugar de la oración. Es muy habitual el **vocativo** (*Ven aquí, Pedro*), que sirve para dirigirse a alguien: siempre es SN o una proposición subordinada adjetiva sustantivada (*Los que deseen factura, aguarden un instante*). También existen complementos oracionales como *Ciertamente, lo ignoro, En cuanto a las fiestas, fueron las mejores, La verdad, eso no me interesa*, que aparecen como **SAdv**, **SPrep** o **SN**.

Forman un grupo complejo, que habría que comentar con detenimiento en un espacio que no tenemos en este libro y, entre otras cosas, sirven para concretar el asunto del que hablamos (*Por lo que respecta a su viaje, todo salió bien*), indican la modalidad oracional (*Indudablemente, son buenas personas*), expresan una opinión (*Por desgracia/desgraciadamente, no se detuvo la guerra*) o se emplean para enlazar el discurso (*A ver, ¿dónde te has metido?*). A veces tenemos varias de estas construcciones en la misma oración: *Francamente, querida, me importa un bledo*; *Según los expertos, en lo tocante a España, la crisis remite, afortunadamente*.

Tenemos bastante libertad para colocar el complemento oracional en el lugar de la oración que más nos convenga: *Según nuestro informante, eso no es posible allí*; *Eso no es posible allí, según nuestro informante*; *Eso, según nuestro informante, no es posible allí*; *Eso no es posible, según nuestro informante, allí*.

Es importante no confundir el vocativo con el sujeto. En *Jacinto, coged el coche tu hermano y tú*, el sujeto de *coged* no es Jacinto, sino *tu hermano y tú*. En *Pedro, ven aquí*, el sujeto no es *Pedro*, que debemos analizar como vocativo, sino un *tú* omitido.

Para distinguir un complemento oracional de un CC debes comprobar si complementa al verbo (CC) o a toda la oración (C Or). En *Sinceramente, respondí a tu hermano*, sinceramente es un complemento oracional, pero en *Respondí a tu hermano sinceramente* es un CCM. En el primer caso muestra la postura del emisor ante lo que va a decir (tiene que ver con la modalidad de la oración); en el segundo caso nos dice de qué modo le respondí. En *La verdad, eso no me interesa*, tenemos un C Or, pero en *No me interesa la verdad*, la verdad es CD.

También son complementos oracionales (o adyacentes/modificadores oracionales/extraoracionales como los llaman otros libros) las **interjecciones**. Algunas interjecciones provienen de nombres, adjetivos u otras clases de palabras: *¡Cuidado!*, *¡Bravo!* También existen grupos de palabras que se comportan como una interjección, las locuciones interjectivas: *¡Madre mía!*, *¡Mira tú por dónde!* Pueden llevar complementos: *¡Ay de los traidores!*; *¡Caray con el pájaro!*

Francamente, querida, me importa un bledo.			
		SN-CI	NP — S Adv-CC cant
S Adv-C Orac	Voc SN COr	SV-SPV	
O. Simple SO: Eso			

Ay, qué dolor de muelas tengo.		
	SN-CD	NP
Interj COrac	SV-SPV SO: Yo	
O. Simple		

Escribimos el complemento oracional a la altura del predicado y del sujeto porque así funciona el programa de análisis textual que hemos manejado. En realidad, puesto que complementa a toda la oración, no solo al sujeto o al predicado, debería figurar en la barra de la oración, o de la proposición.

4 Usos especiales de los PP átonos *me, te, se, nos, os*

Ciertos libros hablan de los usos especiales de *se*, pero algunos de estos usos pueden ser desempeñados también por otros pronombres. Por eso yo prefiero hablar de los usos especiales de los pronombres personales átonos *me, te, se, nos* y *os*. Verás que en el dativo ético se han colado también *le* y *les*. Existen muchos usos distintos: te voy a explicar los ocho más habituales.

Para buscar el uso de uno de estos pronombres debes mantener el sistema habitual de análisis e ir siempre por el orden que figura a continuación. Sabemos qué tipo de pronombre tenemos por oposición con las otras posibilidades.

Cualquiera que sea el uso de estos pronombres átonos, se escriben en una sola palabra con el verbo si este está en imperativo, gerundio o infinitivo, así que cuando encuentres *díselo, tomándoselo* o *decíroslo*, recuerda que, aparte del verbo, hay pronombres que debes analizar. Sin embargo, ojo con la desinencia *–aste* o *–iste*: en *dejaste* o *viniste* no hay un pronombre; el verbo termina así.

Para que haya pronombre reflexivo, recíproco, voz media o pronominal inherente, el pronombre personal átono debe coincidir con el sujeto. Eso quiere decir que cuando aparezca *yo me, tú te* o *él se* tendremos uno de estos usos, pero cuando aparezca *yo te, tú nos* o *él le* el átono hará de CD o de CI sin más. Marcamos en el cuadro con *X* los usos en los que estos pronombres deben coincidir con el sujeto.

NP	Impersonal: se	No tiene sujeto, ni escrito ni omitido	
NP	Pasiva refleja: se	1- El sujeto no realiza la acción. 2- Alguien se la realiza	
CD/CI	Reflexivo: me, te, se, nos, os	1- El sujeto realiza la acción sobre sí mismo. 2- Podría realizarla sobre otro. 3- La realiza conscientemente, no le ocurre.	X
CD/CI	Recíproco: nos, os, se	El sujeto es plural. Cada uno de los miembros del sujeto realiza la acción sobre los otros y la recibe de los otros. Se puede añadir *el uno al otro*.	X
CI	Sustituto de le: se	Es un CI normal: ponemos *se* porque *le* y *les* son incompatibles con *lo* y sus variantes.	
Dat Ét	Dativo ético: me, te, se, nos, os, se, le, les	1- Puede eliminarse sin que la oración cambie de significado. 2- El pronombre sirve para añadir afectividad o para enfatizar. 3- Antes de considerar un dativo ético, descartamos la vm.	
NP	Voz media: me, te, se, nos, os	La acción sucede sola. Al sujeto le ocurre la acción: ni la realiza ni otro la realiza sobre él.	X
NP	Pronominal inherente: me, te, se, nos, os	El sujeto realiza la acción voluntariamente, pero no podría realizarla sobre otro	X

4.1 *Se* impersonal

Solo *se* puede funcionar como marca de impersonalidad del verbo. El pronombre forma parte del **NP**. Siempre comenzamos el análisis buscando el verbo y su sujeto. Si resulta imposible encontrar un sujeto y el verbo tiene delante un *se* diremos que el verbo es impersonal, y en el NP incluiremos *se*. Solo pueden ser impersonales los verbos en singular.

En *Se localizaron los restos arqueológicos*, *los restos arqueológicos* concuerda con el verbo, *localizaron*, de modo que en ningún caso podemos considerarla impersonal. Sin embargo, en *Se localizó el avión desaparecido* existen dos posibilidades de análisis: como impersonal (porque en español es aceptable, aunque no recomendable, escribir *Se localizó los aviones desaparecidos*) y como pasiva refleja. En *Se sancionó a los infractores* el sujeto no está omitido y *a los infractores* no puede hacer de sujeto, puesto que está en plural y lleva una preposición delante: en este caso, solo podemos analizar como impersonal.

4.2 *Se* de pasiva refleja

Solo puede expresar la pasiva refleja *se*. El pronombre forma parte del **NP**. La pasiva refleja no admite complemento agente.

Lo primero que hacemos es buscar el sujeto del verbo. Cuando lo identifiquemos, debemos preguntarnos si realiza la acción verbal. Si no realiza la acción verbal, sino que se la realiza alguien conscientemente, estamos ante una pasiva refleja: tiene que reunir ambas condiciones.

En la oración *Pedro se lavó las manos*, el sujeto, *Pedro*, realiza la acción, luego no podemos tener una pasiva. En *Se detuvo el reloj*, el sujeto, *el reloj*, no realiza la acción de detener, puesto que no se detiene a sí mismo; así que no podemos decir que el verbo sea activo; pero como el reloj tampoco es detenido por alguien no podemos decir que el verbo sea pasivo. Ya veremos cómo analizamos este caso (voz media). De momento podemos decir que no es pasiva refleja.

A veces se os dice que hay pasiva refleja siempre que se pueda poner el verbo en pasiva manteniendo el significado original, pero se trata de un consejo peligroso porque, aunque funciona muchas veces, en oraciones como *Se bautizó a los niños*, los niños fueron bautizados, pero no hay pasiva refleja, porque *a los niños* no es el sujeto (es impersonal). Así que nunca debes analizar como pasiva refleja hasta haberte asegurado de que tienes sujeto, de que este no realiza la acción y de que alguien se la realiza a él.

En *Se distribuyeron los víveres entre los supervivientes*, el sujeto, *los víveres*, no realiza la acción de distribuir y existe alguien que conscientemente distribuye los víveres. Es decir, que los víveres *son distribuidos* conscientemente por alguien. Así que el verbo tiene significado pasivo: esta vez sí nos hallamos ante una pasiva refleja.

4.3 Pronombre reflexivo: *me, te, se, nos, os*

El pronombre no forma parte del NP, sino que tiene función: **CD** o **CI**. Para que un pronombre sea reflexivo tienen que cumplirse tres condiciones:
1. El sujeto realiza la acción sobre sí mismo.
2. Podría realizarla sobre otro.
3. La realiza conscientemente. No es solo algo que le ocurre.

No basta con que se cumpla una, tienen que ser las tres a la vez. Además, tienen que cumplirse en el contexto de la oración que estás analizando, no en otro ejemplo.

Solo comparando distintos ejemplos puedes distinguir un pronombre reflexivo. Si digo *Pedro se escondió*, Pedro se escondió a sí mismo, podía haber escondido a su primo, o un brazo, o el libro de Física, y realizó la acción conscientemente, no fue algo que le pasó. De modo que ese *se* es reflexivo (CD).

Con *El buzo se sumergió*, quiero decir que el buzo se sumergió a sí mismo, que podía haber sumergido otra cosa (el cofre del tesoro) y que realizó la acción de modo consciente: tenemos un *se* reflexivo (CD).

Sin embargo, en *El barco se hundió tras el choque con la roca*, el barco no realizó la acción de hundirse, sino que la sufrió, y, desde luego, no fue una acción consciente, sino algo que le ocurrió. Por tanto no tenemos un reflexivo, sino una voz media, que estudiaremos luego.

En *Me marché de Madrid* la acción es voluntaria, pero ni yo me marcho a mí mismo, ni puedo marchar a otro de Madrid, de modo que no se trata de un uso reflexivo, sino de un verbo pronominal, que estudiaremos luego.

Nunca dejes un reflexivo sin función. Tiene que ser CD o CI. Hazle la prueba de pasiva y mira si puede haber otro CD antes de poner la función. En *Me lavé las manos* el CD es *las manos* y *se* es CI, pero en *Me lavé* lo lavado fui yo, no una parte de mí, así que *me* es un PRef CD.

En *Me puse la corbata* lo puesto es la corbata y *me* el PRef CI. En *Me puse junto a la ventana*, *me* es un PRef CD. En *Me puse enfermo* no hay pronombre reflexivo, porque ni yo me puse a mí mismo, ni la acción es consciente: cuando alguien se pone enfermo no realiza una acción, sino que la experimenta.

Para considerar que el sujeto ha realizado la acción sobre sí mismo resulta indiferente que sea él quien la realice en persona o que haga que otro la realice por él. En *Me construí una casa en la sierra* da igual que el sujeto haya puesto dinero o ladrillos, porque en ambos casos ha causado la acción, de modo que el pronombre es reflexivo (CI). En *Me saqué una muela* da igual que yo haya empuñado los alicates o pagado al dentista: está claro que no me ha sucedido la acción, sino que yo la he causado (PRef CI). A este pronombre muchas gramáticas lo llaman **causativo**.

Cuando decimos que la acción es consciente no queremos decir que sea agradable. En *Me partí un diente*, el sujeto no realiza la acción conscientemente, ni hace que otro la realice, sino que más bien la recibe y la padece: este *me* no es reflexivo sino voz media. Sin embargo, en *Me saqué una muela* la acción es consciente: por eso pedimos cita para sacarnos una muela, pero no para partírnosla, porque en la primera acción participamos activamente y la segunda simplemente nos ocurre.

La frontera entre el pronombre reflexivo y la marca de verbo pronominal inherente es muy sutil. Para mí *Se bajó del coche*, *Se levantó de la cama* o *Se asomó al balcón* son usos reflexivos, pero en algunas gramáticas los encontrarás como usos pronominales inherentes.

4.4 Pronombre recíproco: *nos, os, se*

El pronombre no forma parte del NP, sino que tiene función: **CD** o **CI**.

Estos pronombres solo se usan en plural y necesitan que el sujeto esté formado por varias personas. Cada uno de los miembros del sujeto realiza la acción sobre los otros y la recibe de ellos.

Un modo fácil de probar que un pronombre es recíproco es que la oración admite que añadamos *el uno al otro*. Si digo *Juan y María se escriben cartas de amor* (*el uno al otro*) tienes que pensar qué quiero decir. Si quiero decir que Juan escribe a Juan y María a María, tengo un reflexivo. Si quiero decir que Juan escribe a María y María escribe a Juan, y que Juan recibe la carta de María y María de Juan, es PRec CI, puesto que el CD es *cartas de amor*.

Si alguna vez te piden que analices en estas oraciones *el uno al otro*, es PVO del sujeto (concuerda con él y te dice cómo se realiza la acción verbal). No hagas esta prueba sustituyendo por *entre sí*, porque a veces falla. En *Juan y Pedro se pelean* puedo decir *Juan y Pedro se pelean entre sí*, pero no *Juan y Pedro se pelean el uno al otro*, porque, aunque existe reciprocidad semánticamente, el pronombre no es recíproco. No puedo decir *Juan pelea a Pedro y Pedro pelea a Juan*. Puedo decir *Juan se pelea con Pedro y Pedro se pelea con Juan*, pero, como ves, *se* no sustituye a estos complementos de régimen (recuerda que el CRég no admite sustitución por pronombre): el verbo aquí es *pelearse* y no *pelear*; por eso aparece el *se*, que es pronominal inherente (los veremos luego). Además, tanto *pelear* como *pelearse* son intransitivos y no admiten CI, lo que hace imposible que lleven un recíproco.

En *Ellos se escupen* (*el uno al otro*) y *Ellos se odian* (*el uno al otro*) tenemos PRec CD. Algunos alumnos dicen que en *Ellos se escupen* puede ocurrir que cada uno escupa al cielo y el escupitajo caiga sobre ellos mismos, con lo cual sería reflexivo. ¿A que se trata de una interpretación rara? Pues no la analices así. No debemos analizar contextos que hayamos retorcido.

También encontraremos casos de ambigüedad. En *Ellas se maquillaron para la fiesta* podemos entender que cada una se maquilló a sí misma (reflexivo) o que cada una maquilló a su amiga y fue maquillada por ella (recíproco).

Nunca dejes un recíproco sin función: CD o CI. Hazle la prueba de pasiva y mira si puede haber otro CD antes de poner la función. En *Se escriben cartas de amor*, *cartas de amor* es el CD y *se* el PRec CI. En *Se aman*, *se* es PRec CD.

4.5 *Se* sustituto de *le*

El pronombre no forma parte del NP. Siempre es **CI**.

Los pronombres *le* y *les* son incompatibles con *lo, la, los, las*. Digamos que son alérgicos a ellos, porque la combinación suena mal, así que cuando les toca coincidir, los cambiamos por *se*. No des por hecho que siempre que después de *se* viene *lo* tenemos este uso. En *Se lo comió* ese *se* es dativo ético y en *Se los conoce por su elegancia* marca de impersonal.

Si tienes que sustituir el CD en *Regalaron el GTA 5 a su colega*, quedaría *Lo regalaron a su colega*; si es el CI quedaría *Le regalaron el GTA 5*. Pero si sustituyes los dos a la vez no puedes poner **Le lo regalaron*. Al ir juntos, tienes que escribir *se* en lugar de *le*: *Se lo regalaron*.

4.6 Dativo Ético: *me, te, se, nos, os, le, les*

Se trata de una **función**, así que el pronombre **no va dentro del NP**.

Para que tengamos un dativo ético se tienen que cumplir dos condiciones. La primera es que puedas quitar el pronombre sin que la frase varíe su significado en nada ni se vuelva incorrecta. La segunda es que este pronombre aporte a la oración énfasis (una marca de que aquello de lo que hablamos nos parece difícil, interesante o curioso) o emotividad.

El dativo ético no tiene que coincidir con el sujeto: puede ir referido al sujeto (*Me lo estudié de memoria*) o al emisor (*No me seas tan tiquismiquis*)

En *Me bebí tres vasos de agua seguidos*, el significado es exactamente el mismo que en *Bebí dos vasos de agua seguidos*. Pongo el pronombre para enfatizar la acción o recalcar que me parece exagerado beber tanta agua seguida. Lo mismo ocurre en *Te subiste seis escalones de un salto* o *Se estudió tres lecciones en una hora*. El pronombre *le/les* también puede hacer de dativo ético: *Su bebé no les come bien*. En este caso el pronombre aporta emotividad y no énfasis.

Hay que tener cuidado para no confundir el dativo ético con la voz media. Cuando digo *El jarrón se cayó* o *Pepe se murió el jueves* parece, aunque no es así, que puedo retirar el pronombre *se* sin alterar el significado de la oración, pero no se cumple la segunda condición, porque no añado a la oración énfasis, ni emotividad. En estos dos casos no digo que la acción sea emocionante o exagerada, sino que sucedió sola, sin que nadie la provocase: ahí radica el pequeño cambio de significado.

El dativo ético puede aparecer junto con otros usos especiales de los pronombres átonos: en *No te nos manches*, *nos* funciona como dativo ético y *te* como marca de voz media o como PRef CD, según el sentido de la oración. En *No te nos marches*, *nos* funciona como dativo ético y *te* como marca de verbo pronominal. Una publicidad reciente dice *Quiéreteme*: *te* es PRef CD y *me* es dativo ético. El dativo ético se usa para dar mayor expresividad a la oración. Por eso es tan fácil de reconocer.

4.7 Voz media: *me, te, se, nos, os*

El pronombre forma parte del **NP**, porque lo que va en voz media es el verbo. En la voz activa el sujeto realiza la acción y en la pasiva se la realiza otro (el CAg); en la voz media, ni lo uno ni lo otro: la acción sucede sola, por accidente o por casualidad.

Cuando, después de haber realizado todas las pruebas anteriores, no hemos obtenido ninguna respuesta, tenemos que plantearnos si la acción ha sucedido sola o si el sujeto la ha realizado conscientemente: si ha sucedido sola tenemos una voz media; si no, un verbo pronominal.

En el ejemplo anterior de *El barco se hundió* veíamos que el barco se hundía porque le ocurría algo externo, no porque sus tripulantes decidieran hundirlo; pero tampoco fue torpedeado, ni lo hundió nadie a propósito, sino que se trataba de algo que sucedió solo o por accidente. Eso es una voz media.

Si digo *Las cuerdas se desgastaron*, *las cuerdas* no realizan la acción de desgastar aunque sean el sujeto, de modo que no tengo una activa, pero tampoco tengo una pasiva porque la acción no es realizada conscientemente por alguien. Sucede sola. Eso es precisamente lo que significa la voz media: sirve para presentar acciones que suceden solas, sin que nadie las realice.

Cuando digo *Me partí un brazo en el accidente* es obvio que no me partí el brazo a propósito; ni siquiera realicé la acción, sino que la sufrí. El *me* aparece para mostrar que fue algo que me pasó: una voz media. Algunos autores lo llaman dativo posesivo y explican que, igual que en inglés se usa en estos casos un determinante (*I got my arm broken*), el español prefiere un pronombre que vaya con el verbo.

En *Los sensores se averiaron*, la acción sucedió sola, por accidente, de modo que se trata de una voz media. Pero en *Los sensores se sabotearon* alguien saboteó los sensores conscientemente: se trata de una pasiva refleja.

En *La carretera se cortó para evitar que pasaran los delincuentes* parece claro que no se cortó sola, sino que alguien (la policía, por ejemplo), realizó la acción de cortarla, con un propósito: tenemos una pasiva refleja. Sin embargo, en *La carretera se cortó cuando cayó el árbol* parece claro que quedó cortada sin que nadie hiciera nada adrede para cortarla. Sucedió por accidente, así que tenemos una voz media. En *La carretera se cortó el miércoles* no sabemos si la cortaron a propósito para, por ejemplo, realizar obras, o si quedó cortada por accidente, de modo que podemos analizarla como voz media o como pasiva refleja.

En algunos casos nos surgirán dudas sobre si un verbo va en voz media o lleva un PRef. Cuando digo *Me acostumbré al frío de Helsinki*, alguien puede pensar que el sujeto puede acostumbrar al frío a alguien, y que en este caso se ha acostumbrado a sí mismo, pero la acción parece haber sucedido, no haber sido realizada a propósito por el sujeto. *Acostumbrarse* será reflexivo cuando signifique *entrenarse*. En el ejemplo parece voz media. *Se mató* es reflexivo si se suicidó y voz media si ocurrió por accidente.

La voz media se usa mucho, porque sirve para quitar responsabilidad al sujeto. Hasta un niño de tres años es capaz de decir *El jarrón se ha caído*. Ese *se* no es pasivo, ni activo, ni reflexivo: el jarrón se ha caído solo, no es responsabilidad de nadie y, por tanto, no se debe castigar a nadie.

4.8 Pronominal inherente: *me, te, se, nos, os*

El pronombre forma parte del **NP**.

Verbo pronominal es una expresión ambigua que puede usarse para señalar que el verbo se construye con un pronombre, como sucede, por ejemplo, en los usos reflexivos o en la voz media. En *Me acordé de ti* tenemos una voz media, aunque formalmente el verbo sea pronominal, puesto que no existe **Acordé de ti*. Ahora vamos a usarlo de forma más restringida: decimos que el pronombre forma parte de un verbo pronominal inherente por descarte, tras haber realizado las pruebas anteriores.

En el verbo pronominal inherente la acción se realiza conscientemente, como en el reflexivo, pero, a diferencia de este, no puede ser realizada sobre otra persona. Cuando escribo *Se fueron de Teruel*, podemos descartar todas las posibilidades anteriores. La acción de irse es consciente, pero no puedo decir **Ellos fueron de Teruel a su hermano*, de modo que no es un pronombre reflexivo, sino que forma parte de un verbo pronominal. Muchos verbos de movimiento aparecen en uso pronominal: *marcharse, irse, dirigirse, aproximarse, quedarse*.

Suicidarse siempre será una acción pronominal, porque nadie puede suicidar a otro y la acción siempre es consciente, pero *trasladarse* es reflexivo porque sí se puede trasladar a otro y la acción es consciente.

En algunos casos nos surgirán dudas sobre si un verbo es reflexivo o pronominal, como ocurre con *acercarse* o *dirigirse*. Alguien puede acercar a otro o dirigir a otro, pero el significado del verbo varía. Cuando digo *Acerqué a Juan a la fiesta* es que lo llevé; cuando digo *Me acerqué a la fiesta* no me llevé, sino que fui. Cuando digo *Dirigí a Felipe a Toledo* significa que le di instrucciones para que fuera allí. Sin embargo, en *Me dirijo a Toledo* no me doy instrucciones, simplemente tomo esa dirección. Prefiero analizarlos como pronominales inherentes.

Cualquier verbo que presente una voz media en indicativo se convierte en un verbo pronominal o reflexivo en imperativo, porque se exige al sujeto que realice la acción, que ya no ocurrirá sola. *Me acordé de sacar la basura* y *Me perdí en el bosque* son voces medias. Sin embargo, *Acuérdate de sacar la basura* es pronominal y *Piérdete en el bosque* reflexivo.

Es muy habitual que los verbos con un pronombre inherente lleven CRég: *adueñarse de, afanarse por/en, atenerse a, desentenderse de, desquitarse de, ensañarse con, esforzarse en, inmiscuirse en, jactarse de, mofarse de, quejarse de, obstinarse en, pavonearse de, pitorrearse de, querellarse contra, rebelarse contra, regodearse en, vanagloriarse de...*

Siempre debes fijarte en si la acción es voluntaria: *enamorarse de* se parece mucho a los anteriores, pero indica una acción inconsciente, que el sujeto no realiza, sino que le sucede (voz media). Con *dignarse a, arrepentirse de* o *atreverse a* pueden surgirnos dudas con respecto a su significado, puesto que podemos considerar que la acción es voluntaria o no; en cualquier caso, como no existen los verbos *dignar, arrepentir* o *atrever*, formalmente son pronominales.

Propongo esta clasificación porque la experiencia me ha demostrado que es útil en el aula, pero hay otras muchas, algunas más exactas y completas. Si las hemos descartado ha sido por favorecer la simplificación.
Por ejemplo, yo analizo *Me hice una casa en la sierra* como reflexivo, pero podríamos considerarlo **causativo**. Explicaríamos en clase que llamamos causativo a aquel uso de los pronombres personales átonos en el que el sujeto no realiza la acción sobre sí mismo, pero hace que otro lo haga.
Si queremos afinar con el modo verbal, podríamos razonar que en *La paella se hace con azafrán*, en realidad nadie hace la paella. Se nos plantea la acción como una mera posibilidad. Algunas gramáticas llaman a este uso (que yo incluyo en la pasiva refleja) voz media. Si usamos el término voz media para este uso, lo que en este manual llamamos voz media, es decir, las acciones que suceden solas, sin que las realice el sujeto ni las realice ningún elemento agentivo sobre el sujeto, debería ser llamado uso **inacusativo** o **anticausativo**.

En *La paella se hace con azafrán*, el sujeto es *la paella*; si escribo *las paellas* tengo que cambiar el verbo; la paella no se hace a sí misma, ni se hace sola, sino que es hecha por alguien; tenemos una pasiva refleja. *En Madrid se vive bien* no tiene sujeto, ni escrito ni omitido; el pronombre sirve para convertir al verbo en impersonal. *En tu casa se come bien* tampoco tiene sujeto, salvo que imaginemos uno omitido, del tipo *el cocido madrileño*; en ese caso será pasiva refleja, pero lo normal es que nos refiramos a que se come bien en general, y no un plato concreto.

La paella se hace con azafrán.	En tu casa se come bien	En Madrid se vive bien.
NP pas ref / SP-CC inst	SP-CC L / NP imp / S Adv CCM	SP-CC L / NP imp / S Adv CCM
SN-Suj / SV-SPV	SV-SPV	SV-SPV
O. Simple	O. Simple impers	O. Simple impers

En ese restaurante se comen truchas tiene un sujeto claro, *truchas*; las truchas no comen, sino que son comidas por quien acude al restaurante: pasiva refleja. *Se aguardaba al ministro* no puede tener sujeto, de modo que es impersonal: es muy habitual que se elabore una construcción impersonal con un *se* y un CD de persona precedido de *a*. *Aquí se respeta a todos* es el mismo caso de impersonal.

En ese restaurante se comen truchas.	Se aguardaba al ministro.	Aquí se respeta a todos.
SP-CC L NP pas ref	NP imp SP-CD	S Adv CC T NP imp SP-CD
SV-SPV SN-Suj	SV-SPV	SV-SPV
O. Simple	O. Simple impers	O. Simple impers

Se entregaron los medicamentos a los refugiados.	En ese huerto se cultivan patatas.	Se secó el huerto.
NP pas ref SP-CI	SP-CC L NP pas ref	NP vm
SV-SPV SN-Suj SV-SPV	SV-SPV SN-Suj	SV-SPV SN-Suj
O. Simple	O. Simple	O. Simple

Se entregaron los medicamentos a los refugiados tiene un sujeto, *los medicamentos*, que concuerda con el verbo, pero no realiza la acción, sino que la recibe; la acción es realizada por los cooperantes, así que tenemos una pasiva refleja. *En ese huerto se cultivan patatas* tiene como sujeto *patatas*: las patatas no cultivan, sino que son cultivadas por el hortelano, de modo que tenemos una pasiva refleja. En *Se secó el huerto*, *el huerto* concuerda con el verbo y nadie realiza la acción de secarlo, es algo que sucede solo: voz media.

En silencio se estudia bien es impersonal, salvo que entiendas que hay un sujeto omitido del tipo *esa lección* (en ese caso sería pasiva refleja). En *Esos temas se estudian bien* tenemos un verbo en plural (lo que elimina la posibilidad de impersonal) que concuerda con *esos temas*; los temas no realizan la acción de estudiar, sino que son estudiados por alguien: pasiva refleja. *Se escondió en el trastero* tiene un sujeto omitido, *él*, que realiza la acción de esconderse conscientemente sobre sí mismo y podría esconder a otra persona, así que *se* es un pronombre reflexivo; él fue escondido por sí mismo, de modo que *se* hace de CD.

En silencio se estudia bien.	Esos temas se estudian bien.	Se escondió en el trastero.
SP-CC M NP imp S Adv CC M	NP pas ref S Adv CC M	PRef CD NP SP-CC L
SV-SPV	SN-Suj SV-SPV	SV-SPV
O. Simple impers	O. Simple	O. Simple SO: Él

Se perdió en el bosque es analizada en algunas gramáticas como reflexiva, pero no nos consta que él se perdiera a propósito, luego no realizó la acción, sino que le ocurrió: voz media. En *Se puso la bufanda*, ella se puso la bufanda a sí misma de modo consciente y se la podría haber puesto a un amigo, así que se trata de un reflexivo; como ya tenemos un CD, *la bufanda*, *se* es CI. Compara *Se lavó las manos* con *Se lavó*; en ambas ella se lavó a sí misma de modo consciente y podía haber lavado a otro; en la primera lo lavado son las manos, con lo que el PRef hace de CI; en la segunda lo lavado es ella misma, con lo que el PRef hace de CD.

Se perdió en el bosque.	Se puso la bufanda.	Se lavó las manos.	Se lavó.
NP VM SP-CC	PRef Cl NP SN-CD	PRef Cl NP SN-CD	PRef CD NP
SV-SPV	SV-SPV	SV-SPV	SV-SPV
O. Simple SO: Él	O. Simple SO: Ella	O. Simple SO: Ella	O. Simple SO: Ella

En *Se tiró al suelo* la acción es realizada conscientemente por ella, y ella podría haber tirado a otra persona, así que es PRef CD; sin embargo, en *Se cayó al suelo* la acción no es consciente, sino algo que le pasa al sujeto: voz media. Algunos explican que la idea de *tirar* y de la de *tirarse* son distintas: para ellos en *Se tiró al suelo* tenemos un pronominal inherente. En *Se tiró la bebida encima* la acción es accidental, así que tenemos una voz media. *Se levantó* es una acción consciente y *Se despertó* inconsciente, de modo que la primera es reflexiva (PRef CD) y la segunda voz media: piensa que en la tienda compras despertadores, porque no está en tu mano despertarte, pero nadie compra levantadores porque levantarte depende de ti.

Se tiró al suelo.	Se cayó al suelo.	Se tiró la bebida encima.	Se despertó.	Se levantó.
PRef CD NP SP-CC L	NP vm SP-CC L	NP vm SN-CD S Adv-CC L	NP vm	PRef CD NP
SV-SPV	SV-SPV	SV-SPV	SV-SPV	SV-SPV
O. Simple SO: Ella	O. Simple SO: Ella	O. Simple SO: Ella	O. Simple SO: Ella	O. Simple SO: Ella

Se mareó es una voz media, como todos los verbos que indican lo que te sucede, y que muchas veces tienen que ver con los sentimientos, como *Se aburrió*, *Se agobió* o *Se divirtió*. En *Se bebió toda la leche* puedo quitar el *se* sin que cambie el significado; el *se* no indica a quién bebió la leche, está solo para dar énfasis: dativo ético; es muy habitual este uso en los verbos de comer y beber. *Se puso la bufanda a los niños* se transforma, si pongo *bufanda* en plural, en *Se pusieron las bufandas a los niños*; como el sujeto, *la bufanda*, no realiza la acción, sino que le es realizada por alguien, los profesores o los padres, por ejemplo, se trata de una pasiva refleja; dado que algunos hablantes dicen *Se puso las bufandas a los niños*, a veces se analiza como impersonal

Se mareó.	Se agobió.	Se bebió toda la leche.	Se puso la bufanda a los niño
NP vm	NP vm	Dat ét NP SN-CD	NP pas ref SP-CI
SV-SPV	SV-SPV	SV-SPV	SV-SPV SN-Suj SV-SPV
O. Simple SO: Ella	O. Simple SO: Ella	O. Simple SO: Ella	O. Simple

En *Se remangó la camisa* podía haber remangado la camisa a otro, pero se la remangó a sí misma conscientemente, así que tenemos un PRef; como el CD es *la camisa*, *se* es CI. En este caso, el pronombre muestra también valor posesivo (queremos decir que ella se remangó su camisa): algunas gramáticas explican que este pronombre funciona como *dativo posesivo*. *Se asomó al balcón* es PRef CD porque ella se asomó a sí misma conscientemente y podía haber asomado a alguien. En *Se compraron unos pantalones* entiendo que el sujeto omitido es *ellas*, que podían haber comprado los pantalones para otros y que realizaron la acción conscientemente, por lo que se trata de un PRef CI. Puede entenderse también que los pantalones fueron comprados por alguien, y analizarse la oración como pasiva refleja.

Se remangó la camisa.	Se metió las manos en los bolsillos	Se asomó al balcón.	Se compraron unos pantalones.
PRef CI / NP / SN-CD	PRef CI / NP / SN-CD / SP-CC L	PRef CD / NP / SP-CC L	PRef CI / NP / SN-CD
SV-SPV SO: Ella	SV-SPV	SV-SPV	SV-SPV SO: Ellos
O. Simple	O. Simple SO: Ella	O. Simple SO: Ella	O. Simple

Se lo contaron ayer es una muestra de *se* sustituto de *le*, CI: *se* significa *a él* o *a ella*, y si no aparece como *le* es porque tiene un *lo* a continuación. *Se sirvieron refrescos y cervezas en la conferencia* tiene un sujeto que no realiza la acción; esas bebidas fueron servidas conscientemente por alguien, de modo que tenemos una pasiva refleja. También se puede entender que *Ellos se sirvieron refrescos y cervezas en la conferencia* unos a otros (PRec CI) o cada uno a sí mismo (PRef CI). *Se lo devolvieron manchado* es otro caso de sustituto de *le* y, si quitamos *lo*, nos queda *Le devolvieron manchado el pañuelo*.

Se lo contaron ayer.	Se sirvieron refrescos y cervezas en la conferencia.	Se lo devolvieron manchado.
SN CI / SN CD / NP / S Adv CC Tpo	NP pas ref / SP-CC L	SN CI / SN CD / NP / S Adj-C Pvo
SV-SPV	SV-SPV SN-Suj SV-SPV	SV-SPV
O. Simple SO: Ellas	O. Simple	O. Simple SO: Ellas

En *Se miraron a la cara* cada uno miró al otro a la cara y fue mirado por el otro, de modo que tenemos un uso recíproco; *a la cara* no responde a las preguntas de CD ni de CI, pero sí podemos decir *Ellos fueron mirados a la cara*: *se* es PRec CD. Sin embargo en *Se miraron las caras* lo mirado son *las caras*, que hace de CD, así que *se* pasa a ser el CI. *Se pudrieron las frutas* es de nuevo algo que ocurre solo, por el paso del tiempo, por su propia naturaleza, sin que nadie lo haga: es voz media.

Se miraron a la cara.	Se miraron las caras.	Se pudrieron las frutas.
PRec CD / NP / SP-CC M/L	PRec CI / NP / SN-CD	NP vm
SV-SPV	SV-SPV	SV-SPV SN-Suj
O. Simple SO: Ellas	O. Simple SO: Ellas	O. Simple

En *Se encontraron con su entrenadora por casualidad* tenemos algo que ocurre al sujeto, *ellos*, pero no algo que ellos hagan, ni que alguien les haga, sino algo que les pasa por casualidad: voz media. Sin embargo en *Se encontraron con su entrenadora para la preparación del partido*, entendemos que han quedado antes, que es una acción consciente. Podemos decir *ellos encontraron con su entrenadora a sus amigos para la preparación del partido*, pero el significado del verbo cambia, de modo que no hay posibilidad de que sea reflexivo. Tampoco podemos decir **Ellos encontraron con su entrenadora el uno al otro*, así que descartamos la reciprocidad. Tenemos un uso pronominal.

Se encontraron con su entrenadora por casualidad.			Se encontraron con su entrenadora para la preparación del partido.		
NP vm	SP-C Rég	SP-CC M	NP pron	SP-C Rég	SP-CC fin
SV-SPV			SV-SPV		
O. Simple SO: Ellos			O. Simple SO: Ellos		

Se enamoró de ella nos muestra un pronombre que no podemos sustituir por otro, porque no tiene sentido **Él te enamoró de ella*. Dado que la acción no es consciente, porque nadie elige si se enamora, tenemos una voz media. *Se estudió todos los ejemplos* significa exactamente lo mismo si quito *se*, que solo aporta expresividad: dativo ético. *Se aburría de tanta televisión* es, como hemos visto, una acción que sucede al sujeto, no que él realice conscientemente; si divertirse o aburrirse fuera voluntario siempre elegiríamos divertirnos y tú ahora te estarías divirtiendo muchísimo con este libro.

Se enamoró de ella.			Se estudió todos los ejemplos.			Se aburría de tanta televisión.	
NP vm	SP-C Rég		DAT ÉT	NP	SN-CD	NP vm	SP-C Rég
SV-SPV			SV-SPV			SV-SPV	
O. Simple SO: Él			O. Simple SO: Ella			O. Simple SO: Ella	

Se sentía querida es una acción que ella no realizaba, sino que experimentaba, pero ella no era sentida por los demás, así que no tiene significado pasivo: es voz media. Otros profesores consideran que existen dos verbos distintos, *sentir*, que lleva CD, y *sentirse*, que lleva PVO y es pronominal. Lo explican de forma similar a la oposición entre *lamentar algo* (CD) y *lamentarse de algo* (pronominal inherente con CRég). *Se acordó de tus consejos*: a veces mis alumnos dicen que la acción de acordarse es voluntaria; ojalá, no tendrías que estudiar exámenes, bastaría con que decidieras recordar lo que se explicó en clase; otra voz media. También existe el verbo *acordar*, pero significa otra cosa y es transitivo. En *Se imaginaba un mundo mejor* se puede quitar *se* sin variar el significado de la oración (dativo ético). También resulta correcta la voz media, dando a entender que era algo que le pasaba sin buscarlo, e incluso el análisis como pronominal inherente, dado que alguien puede imaginarse cosas a propósito. Si tuviéramos un *Se imaginó en el campo*, el significado sería *Se imaginó a sí misma en el campo*, y tendríamos un PRef CD.

Se sentía querida.	Se acordó de tus consejos.	Se imaginaba un mundo mejor.
NP vm — S Adj-C Pvo	NP vm — SP-C Rég	DAT ÉT — NP — SN-CD
SV-SPV	SV-SPV	SV-SPV
O. Simple SO: Ella	O. Simple SO: Ella	O. Simple SO: Ella

Se empeñó en sus ideas es una acción consciente, pero ella no puede *empeñar en sus ideas a otro*, de modo que es pronominal inherente. *Se ocupó del restaurante* ha de ser pronominal inherente por descarte; tiene un sujeto omitido, *ella*, que realiza la acción conscientemente, y no puede ser realizada sobre otro: **Ocupó del restaurante a su hermano*. Sin embargo, sí puede *encargar del restaurante a su hermano*, del mismo modo que se encarga a sí misma de él, así que en *Se encargó del restaurante* tenemos un pronombre reflexivo; no obstante, alguien podría entender que *encargar a otro de algo* tiene un significado ligeramente distinto de *encargarse uno mismo de algo*, de modo que también tiene sentido el análisis como pronominal inherente.

Se empeñó en sus ideas.	Se ocupó del restaurante.	Se encargó del restaurante.
NP pron — SP-C Rég	NP pron — SP-C Rég	PRef CD — NP — SP-C Rég
SV-SPV	SV-SPV	SV-SPV
O. Simple SO: Ella	O. Simple SO: Ella	O. Simple SO: Ella

Ojo con *Me animó a participar*, porque cuando se empieza con los usos especiales de los pronombres personales átonos los estudiantes soléis dar por hecho que todos los usos son especiales; sin embargo, aquí no hay coincidencia entre el sujeto y el complemento, no hay un *él se* o un *yo me*. Tampoco hay dativo ético, así que *me* es simplemente un PP CD. Compárala con *Se animó a participar* (voz media: fue algo que le ocurrió). En *Se consagró al arte* tenemos un sujeto omitido, *ella*, que realiza la acción conscientemente; como también podría consagrar a su hijo al arte, o consagrar sus esfuerzos al arte, comprobamos que es PRef, en este caso, de CD. En *Se adueñó del castillo* ella no puede **aduñar del castillo a otro* y la acción es consciente, de modo que tenemos un verbo pronominal inherente.

Me animó a participar.	Se animó a participar.	Se consagró al arte.	Se adueñó del castillo.
SN CD — NP — SP CRég	NP vm — SP CRég	PRef CD — NP — SP-C Rég	NP pron — SP-C Rég
SPV	SPV	SV-SPV	SV-SPV
O. Compuesta SO: Ella	O. Compuesta SO: Ella	O. Simple SO: Ella	O. Simple SO: Ella

También son pronominales inherentes *Se quejaba de la comida* (es una acción consciente y ella no puede **quejar a otro de la comida*) y *Se inmiscuyó en* *asuntos turbios* (es una acción consciente que no puede ser realizada sobre otro, porque no puedes **inmiscuir a otro en algo*). Tampoco puedes **rebelar a otro contra una norma*, y la acción es consciente: pronominal inherente.

Se quejaba de la comida.	Se inmiscuyó en asuntos turbios.	Se rebeló contra aquella norma.
NP pron · SP-C Rég	NP pron · SP-C Rég	NP pron · SP-C Rég
SV-SPV	SV-SPV	SV-SPV
O. Simple SO: Ella	O. Simple SO: Ella	O. Simple SO: Ella

5 Oraciones compuestas: yuxtapuestas y coordinadas

5.1 Proposición

Es muy habitual que el profesor use distintas palabras para nombrar lo que te pide que analices: frases, oraciones o proposiciones. Frase es un término de andar por casa y no sirve para el estudio. Oración es el fragmento de texto entre dos puntos, o entre la primera palabra de un párrafo y un punto.

Una oración puede tener muchos verbos. Cada uno de esos verbos forma una proposición con sus complementos y su sujeto, si los tiene. Entonces, ¿qué es una proposición? Un conjunto de palabras que se organizan en torno a un verbo. Es decir, que toda proposición tiene predicado y sujeto (salvo que sea impersonal). Cuando tengas distintos verbos, tienes distintas proposiciones, cada una con su propio sujeto, su propio predicado y sus propios complementos.

Algunos profesores no distinguen entre proposiciones y oraciones.

Algunas gramáticas llaman oraciones compuestas a las que están formadas por proposiciones coordinadas y complejas a las que presentan relaciones de subordinación. Yo prefiero llamarlas a todas compuestas.

Lo primero que hacemos para analizar una oración compuesta es subrayar los verbos. A continuación metemos los nexos en un círculo. Después marcamos de dónde a dónde llega cada proposición y colocamos corchetes al principio y al final. Después establecemos la relación entre las proposiciones. Es decir, si tenemos tres proposiciones, A, B y C, determinamos la relación que hay entre A y B, B y C y A y C. Solo después comenzamos a analizar.

El verbo principal no lleva un nexo subordinante delante. Si tenemos más nexos de los que necesitamos hay que encontrar una respuesta antes de analizar, porque un nexo no va solo, sino que une sintagmas o proposiciones. La respuesta puede ser variada:

1- Tenemos un verbo omitido, como en *Gira tan rápido como una peonza*. Solo podemos analizar esta oración si escribimos el verbo omitido: *Gira tan rápido como (gira) una peonza*.

2- Tenemos dos nexos y cada uno nos indica una relación distinta; en *Me encanta que me escuches y que me hables*, *hables* tiene dos nexos delante: *y* sirve para indicar que *que me hables* es coordinado de *que me escuches*; *que* sirve para indicar que es subordinado de *encanta*.

3- Puede ser que el nexo, si es coordinante, una dos sintagmas y no dos proposiciones, como en *Es alto y rubio*.

A veces el problema es el contrario: nos faltan nexos. Tenemos varios verbos que no llevan nexo delante: eso puede deberse a que las proposiciones están yuxtapuestas entre sí o a que uno de los verbos va en infinitivo, gerundio o participio. Los verbos en forma no personal no necesitan nexo y son subordinados aunque a veces encontremos excepciones (en *Tanto nadar para ahogarse en la orilla* el verbo *nadar* funciona como principal, si no lo consideramos nombre).

Los alumnos suelen preguntar dónde deben poner el sujeto omitido (SO) o el sujeto de forma verbal no personal (SFVnp). Al ser elementos omitidos, no tiene demasiada relevancia, pero todo sujeto debe quedar siempre a la misma altura que el predicado. En los análisis de este libro lo hemos colocado en ocasiones donde nos ha venido mejor por cuestión de espacio.

Para las proposiciones subordinadas, explico a los alumnos una estructura proposición = nexo + sujeto + predicado, por su mayor sencillez y porque se ajusta al criterio de la mayor parte de los libros de texto. Sería más exacto considerar que una proposición subordinada se compone de un nexo y una oración simple, y esta, a su vez, de sujeto y predicado: proposición = nexo + oración simple; oración simple = sujeto + predicado.

5.2 Nexos y conectores discursivos

Tradicionalmente se ha confundido nexos y conectores discursivos. Los nexos unen proposiciones o sintagmas; los conectores unen una oración con el texto que la precede.

Hay conjunciones que a veces funcionan como nexo y otras como conectores. En *No lo dices, pero lo piensas*, *pero* funciona como nexo; por eso no podemos ponerlo al principio de la oración: **Pero lo piensas no lo dices*. Sin embargo, cuando funciona como conector puede ponerse en ese lugar sin el menor problema: *Se cayó de la moto. Pero no fue ese el único contratiempo*. Otras palabras solo pueden funcionar como conector, como *es más* aquí: *No lo digo en broma. Es más, lo sostendré en el juicio*.

Algunas palabras y locuciones se han considerado tradicionalmente nexos y no pueden funcionar como tal. Por ejemplo, *sin embargo* puede funcionar como conector (*Hizo mal. Sin embargo, comprendo sus razones*) o como locución adverbial complemento oracional (*Hizo mal, pero, sin embargo, comprendo sus razones*), pero no como nexo.

Cuando encuentres un conector discursivo no lo analices con el resto de la oración: sácalo en barra aparte o señala su función en una nota.

```
Por cierto, han avanzado mucho pero, a pesar de todo, les queda mucho camino.
              NP         S Adv                          SN    NP    Det     N
                         CC cant                        CI
              SV-SPV SO: Ellos                          SV-SPV      SN-Suj
conector      O. Compuesta Coord Adv   NXO  conector concesivo   O. Compuesta Coord Adv
conversacional
                                       O. Compuesta
```

5.3 Yuxtapuestas

Existen tres tipos de relaciones entre dos proposiciones: coordinadas, subordinadas y yuxtapuestas. Las yuxtapuestas se sitúan una al lado de otra sin un nexo que las junte.

```
No me grites, me estás rayando.           Las personas no cambian, sólo envejecen.
  P1 yuxt       P2 yuxt                     P1 Yuxtapuesta       P2 Yuxtapuesta
      O. Compuesta                                    O. Compuesta
```

> Ante una yuxtapuesta, algunos profesores te dirán que busques el nexo que queda omitido y analices la oración como coordinada o subordinada. En *Elegiste esa opción, no te quejes ahora* podemos analizar las proposiciones como yuxtapuestas o podemos entender un nexo omitido *así que*, que convertiría la segunda en una PSAdv consec. Pero otra persona podría considerar que lo que falta es un *si* en la primera, que la convertiría en PSAdv condic. En *Llegué, vi, vencí* podemos analizar como yuxtapuestas o considerar que hay un nexo *y* omitido y tenemos tres coordinadas copulativas.

> Los signos de puntuación pueden actuar como nexo. Las oraciones que llevan dos puntos presentan a veces una dificultad especial. En *Me dijo: "Compra la leche" > Me lo dijo*, no tenemos ninguna dificultad para saber que la PSS hace de CD. Sin embargo, en *Compré fruta: peras, manzanas y cerezas* o en *Me dio un consejo: que siempre me cuidara* el asunto se complica. Parece claro que *peras manzanas y cerezas* complementan al nombre *fruta* (lo especifican) y que *que siempre me cuidara* complementa a *consejo*. Puesto que no existe preposición y complementan a un nombre, te recomiendo que los analices como aposición. En los libros no suele explicarse que una PSS pueda ir en aposición con un SN.

5.4 Coordinadas

Tradicionalmente se ha enseñado a los alumnos a distinguir las coordinadas razonando que las dos proposiciones tienen la misma importancia y que una no trabaja para la otra. Este razonamiento es bueno, pero difícil de aplicar. Te recomiendo que localices las coordinadas por su nexo.

Las proposiciones coordinadas se analizan siempre a la misma altura, nunca una debajo o encima de otra. El nexo no pertenece a ninguna de las dos: queda aparte y debe ir entre las dos proposiciones. Esa es una de las razones por las que no consideramos que *aunque* pueda unir coordinadas. En algunas gramáticas encontrarás seis tipos de coordinadas (incluyen las consecutivas ilativas) y según la NGLE solo hay tres (copulativas, adversativas y disyuntivas). En la mayor parte de los centros consideran que hay cinco tipos de coordinadas.

Tipos	Nexos	¿Qué hacen esos nexos?
Copulativas	y, e, ni, ni…ni, además de que	Suman proposiciones.
Adversativas	pero, mas, sino (que)	Una se opone a la otra.
Disyuntivas	o, u, o…o, o bien… o bien	Se da a elegir: una, otra o las dos.
Explicativas	es decir (que), o sea (que), esto es (que), o lo que es lo mismo (que), o mejor dicho, o	La segunda explica el significado de la anterior.
Distributivas	ya… ya, tan pronto… como	Unas veces sucede una proposición, otras la otra.

> Si analizamos como sugiere la NGLE las explicativas son yuxtapuestas y el elemento de unión, por ejemplo, *es decir (que)*, es un conector (se le suele llamar marcador conversacional). Algunos autores distinguen conectores y marcadores del discurso y otros no: en un libro como este debemos ceñirnos a la teoría más sencilla, de modo que usamos los términos como sinónimos.
>
> Se ha prohibido la circulación de vehículos por aquí, es decir, que puedes ser multado.
>
> ```
>                         E   SN-Térm   E   S Adv
>                                               Térm
> NP pas ref     Det    N       SP-CN     SP-CN              NP
> SV-SPV                    SN-Suj                    SV-SPV SO: Tú
>          O. Compuesta Yuxt              conector explic.  O. Compuesta Yuxt
>                              O. Compuesta
> ```

Copulativas. Existe una relación entre las ideas, pero el hablante no ve preciso señalarla. Nexos: *y, e, ni, ni…ni, además de que*. Son las que usamos más. Fíjate en que el NP de la primera es *se estropeó* y lleva en medio un PP CI. *Y, ni* son los nexos copulativos.

[Diagramas sintácticos:]

Se nos estropeó el coche y tuvimos que empujar. — O. Compuesta

Ni lo sé ni me importa. — O. Compuesta

A veces el nexo aparece en las dos proposiciones en forma de correlación: *No solo llegaron tarde sino que además venían bebidos*. Si te das cuenta, la oración es equivalente a *Llegaron tarde y además venían bebidos*.

Adversativas. Señalan una oposición entre el significado de las proposiciones. Nexos: *pero, mas* (sin tilde, equivalente a *pero*), *sino (que)*. *Sin embargo, no obstante, antes bien, en cambio, por el contrario* pueden ser empleados como conectores discursivos de valor adversativo, pero no funcionan como nexo. Por eso pueden combinarse con un nexo adversativo de verdad: *No tiene grandes cualidades, pero, sin embargo, triunfa gracias a su esfuerzo*.

En este libro he decidido no considerar *aunque* como conjunción adversativa, siguiendo la línea de Alarcos. Consideraremos que siempre introduce una subordinada adverbial concesiva. Más adelante ofrecemos una explicación.

[Diagramas sintácticos:]

No me lo contó, sino que me ocultó la verdad. — O. Compuesta

Se sacaron el carnet pronto pero se lo dieron mucho después. — O. Compuesta

---

Excepto y *salvo* suelen considerarse preposiciones, pero parece razonable analizarlos como nexos adversativos. En *Llegaron todos excepto/salvo/menos Juan*, el sujeto es *todos excepto/salvo/menos Juan*. También es así si el sintagma aparece separado: *Todos llegaron menos Juan, Nadie lo sabe sino Juan*.

Todos llegaron salvo Juan.	*Ninguno lo dijo, salvo Juan.*	*Nadie sino Juan lo sabe.*
O. Simple	O. Simple	O. Simple

Disyuntivas. Dan a elegir: o una, o la otra, o las dos (en *Que venga tu padre o tu madre* puede venir uno, otro o los dos). Nexos: *o, u, o...o, o bien... o bien*.

```
O llueve pronto o se arruinará la cosecha.
  NP imp SAdv CCT    NP vm   det   N
       SPV             SPV        SNS
NXO P1 disy      NXO   P2 disy
         O. Compuesta
```

```
¿Presentaron a tiempo el recurso o se retrasaron?
    NP    SAdv T/M   SN CD      NP vm
              SPV                 SPV
     P1 disy SO: Ellos      NXO P2 disy SO: Ellos
                  O. Compuesta
```

Explicativas. La segunda repite lo mismo que la primera, pero con otras palabras. Nexos: *es decir (que), o sea (que), esto es (que), o lo que es lo mismo (que), o.*

Ojo con el nexo *o*: no siempre es disyuntivo. Lo es en *Beberé agua o refrescos*, pero en *El anhídrido carbónico o dióxido de carbono es tóxico* es explicativo.

```
Padece una cardiopatía congénita, es decir, que nació enfermo del corazón.
  NP      SN-CD                              NP    S Adj-C Pvo
      SV-SPV SO: Él                              SV-SPV SO: Él
   P1 O. Compuesta Coord Exp       NXO    P2 O. Compuesta Coord Exp
                          O. Compuesta
```

Distributivas. Unas veces se cumple una proposición y otras veces, otra. Nexos: *ya... ya, tan pronto... como.* Existen otros nexos, pero no se usan casi nunca. Estas proposiciones apenas se emplean porque han sido sustituidas por las copulativas. *Ya llueve, ya sale el sol* son dos proposiciones distributivas, pero *Un rato llueve y otro sale el sol* son copulativas y *un rato y otro* son CCT. Si aparece *Un rato llueve, otro sale el sol*, te recomiendo que las analices como yuxtapuestas.

```
Tan pronto se aman como se odian.
         PRec CD NP   PRec CD NP
NXO distrib P1 SO: Ellos  NXO distrib P2 SO: Ellos
            O. Compuesta
```

```
Ya echan a correr ya se quejan de cansancio.
      NP              NP pron    SP CRég
      SPV                   SPV
nexo dist P1 SO: Ellos  nexo dist P2 SO: Ellos
              O. Compuesta
```

Además de coordinar proposiciones, estos nexos pueden coordinar dos predicados o cualquier tipo de sintagmas, siempre que los sintagmas coordinados tengan la misma función. En esos casos ponemos debajo el tipo de sintagma (SN, SP, SAdv, SAdj) y dentro de la caja ponemos de nuevo cada uno de los sintagmas coordinados. Los sintagmas coordinados por *sino* os suelen resultar difíciles.

```
Las expresiones escatológicas, es decir, las groserías, son inadecuadas.
      SN1            NXO explic  SN2      Cóp  S Adj-Atrib
            SN-Suj                         SV-SPN
                           O. Simple
```

```
No vinieron cinco alumnos, sino seis.
S Adv CC neg  NP       SN 1    NXO SN 2
     SV-SPV           SN-Suj C Advers
                O. Simple
```

Compra lentejas, judías y muchas acelgas.
Det   N
SN 1   SN 2   SN 3
NP   SN-CD
SV-SPV
O. Simple SO: Tú

Parece inteligente pero distraído.
SAdj1   NXO advers SAdj2
Cóp   S Adj-Atrib
SV-SPN
O. Simple SO: Él

Fíjate en la oración siguiente. *Agradable* y *de buen corazón* van coordinados, pero son dos sintagmas distintos. Eso puede suceder siempre que desempeñen la misma función, en este caso, atributo. Eso sí, debajo de atributo no escribo ningún tipo de sintagma, puesto que contiene dos distintos.

Es agradable y de buen corazón.
SAdj nexo cop SPrep
Cóp   Atrib
SV-SPN
O. Simple SO: Ella

Lo hizo deprisa, pero con atención.
SAdv   nexo advers SP
SN CD NP   CCM
SV-SPV
O. Simple SO: Ella

6 Proposiciones subordinadas: la PSAdj

6.1 Proposiciones subordinadas

Una proposición subordinada sustituye a un sintagma. Tres sintagmas pueden ser sustituidos por una proposición subordinada, el SN, el SAdj y el SAdv. Por eso tenemos tres tipos de subordinadas: proposiciones subordinadas sustantivas (PSS), que sustituyen a un SN, proposiciones subordinadas adjetivas (PSAdj), que sustituyen a un SAdj, y proposiciones subordinadas adverbiales (PSAdv), que funcionan de modo similar a un SAdv. El SP no puede ser sustituido por una proposición, pero sí su término.

Las PSS pueden desempeñar todas las funciones de un SN o, precedidas de preposición, las de un SP. En este caso, la PSS desempeña la función de término y es todo el SP quien hace, por ejemplo, de CD. Las PSAdj siempre son CN (nunca término) y son parte del sintagma nominal de su antecedente. Las PSAdv suelen hacer función de circunstancial y suelen salir del PV, si bien estudiaremos excepciones. Las PSAdv propias (tiempo, modo y lugar) sustituyen a un adverbio y pueden ser sustituidas por él. El resto de las PSAdv se llaman impropias: funcionan de forma parecida a un adverbio, pero no pueden ser sustituidas por él.

Las proposiciones subordinadas tienen una función (sujeto, CD, atributo, término...) y salen siempre de la proposición principal, para la que trabajan, directa o indirectamente. El nexo va dentro de la subordinada. A veces te surgirán dudas sobre qué proposición es la principal y cuál es la subordinada. No depende de cuál te parezca más importante por el sentido: la subordinada es la que lleva un verbo en forma no personal (infinitivo, gerundio o participio) o un nexo subordinante; la que no lo lleva y aparece con su verbo conjugado es la principal.

El truco para analizar cualquier compuesta es convertirla en simple. Las coordinadas quedan transformadas en simples desde el momento en el que las dividimos en dos proposiciones situadas a la misma altura. Las subordinadas requieren un poco más de trabajo.

6.2 Proposiciones subordinadas adjetivas (PSAdj)

Estas proposiciones sustituyen a un SAdj. Siempre vienen introducidas por un relativo y complementan a un nombre, su antecedente, de cuyo SN salen. Debes memorizar: **las proposiciones subordinadas adjetivas salen del SN de su antecedente y son CN**. Nunca salen de un predicado o de un SP.

Algunas gramáticas incluyen entre las PSAdj las construcciones de participio, como *Esas son las cartas enviadas al director por los lectores*. Se trata, por supuesto, de una opción válida, pero complicada, de modo que te recomiendo que consideres *enviadas al director por los lectores* como un SAdj, con sus complementos. Por si acaso, aquí tienes las dos versiones:

Ésas son las cartas enviadas al director por los lectores.						Ésas son las cartas enviadas al director por los lectores.					
		N	SP-C Adj	SP-C Adj				NP	SP CI	SP CAg	
	Det	N	S Adj-CN						SPV		
	Cóp		SN-Atrib				Det	N	PSAdjCN SO: Las cartas		
SN-Suj			SV-SPN				Cóp		SN-Atrib		
			O. Simple			SN-Suj			SV-SPN		
									O. Compuesta		

El relativo puede tener tres categorías distintas:

Pronombre: *que, el que, el cual, quien, cuanto*. *El cual* siempre funciona como pronombre relativo y siempre introduce una PSAdj (al menos en el nivel de dificultad normal en Secundaria). Los demás pueden introducir otras proposiciones, así que, para asegurarnos de que tenemos un pronombre relativo, sustituimos el que aparezca por *el cual* o cualquiera de su variantes (*el cual, la cual, lo cual, los cuales, las cuales*). *Cuanto* se usa poco: *Te diré todo cuanto sé*.

Si la sustitución es correcta es que estamos ante un pronombre relativo que introduce una PSAdj. Por ejemplo, si tenemos *No me pises, que llevo chanclas*, resulta imposible sustituir por **No me pises, el cual llevo chanclas*. Si tenemos *Quiero que te pongas la ropa* no podemos sustituir por **Quiero el cual te pongas la ropa*. Pero si sale *No manches la ropa que te lavaste*, puedo decir también *No manches la ropa la cual te lavaste* sin que la oración se vuelva incorrecta o cambie de significado. En este caso, tengo un pronombre relativo. Fíjate en que tengo que poner *la cual*. No puedo decir **la ropa las cuales te lavaste* ni **la ropa el cual te lavaste*. Ello se debe a que el pronombre relativo se refiere a *ropa*, es decir, *ropa* es su antecedente. Llamamos antecedente al nombre o pronombre con el que concuerda en género y número el pronombre relativo.

Determinante: *cuyo, cuya, cuyos, cuyas*. *Cuyo* y sus variantes son el único determinante relativo habitual y siempre ejercen como tal. Eso quiere decir que cuando aparezcan no tienes que hacer ninguna prueba: introducen una PSAdj con absoluta seguridad. Existe otro determinante relativo, *cuanto*, que introduce proposiciones subordinadas adjetivas sustantivadas, pero es muy inhabitual (*Dame cuantas fresas tengas*).

Cuyo no concuerda con su antecedente, sino con el nombre al que acompaña, y expresa también una idea de posesión. El antecedente es el poseedor del nombre al que acompaña *cuyo*. Si digo *El jugador cuyo equipo ganó*, hablo del equipo del jugador, de *su equipo*, así que *jugador* es el antecedente.

No debes sustituir *cuyo* por *que su*. *Es un hombre que su hermano trabaja en Cáceres* es incorrecto: debe decirse *Es un hombre cuyo hermano trabaja en Cáceres*.

Adverbio: *donde/adonde, cuando, como*. *Donde/adonde* es muy habitual, pero los otros dos usos son más raros. Para que se trate de adverbios relativos tienen que poder ser sustituidos por una preposición más *el cual*. *Es el país donde nací = Es el país en el cual nací. Es el lugar adonde se dirige = Es el lugar al cual se dirige. Es la manera como se hace = Es la manera de la cual se hace. En aquel verano cuando nos conocimos todo parecía fácil = En aquel verano en el que nos conocimos todo parecía fácil.*

En estos casos *cuando, como, donde* y *adonde* son adverbios relativos, introducen una PSAdj y actúan en ella como CC. Asegúrate de que hay antecedente, porque si no nunca tenemos una PSAdj. En *Ponlo donde te dije* no puedo decir **Ponlo en el cual te dije* porque *donde* no tiene antecedente. El análisis es ahora totalmente distinto. Tengo una PSAdv y *donde* ya no es un adverbio relativo, sino una conjunción que hace de nexo (aunque la NGLE lo considera adverbio relativo, por razones que explicaremos, en un cuadro, cuando expliquemos las proposiciones adjetivas sustantivadas).

En todos los casos el relativo tiene un doble papel dentro de su proposición. Por una parte hace de nexo y por otra tiene función. Si es un pronombre, tendrá la función propia de un SN: sujeto, CD, término (de un CN, de un CRég, de un CC)… Si es un determinante siempre determinará al nombre con el que concuerda. Si es un adverbio funcionará como CC.

Un error muy habitual es considerar al pronombre relativo como sujeto antes de hacerle pruebas; suele darse porque siempre va al principio de su proposición y los alumnos tendéis a pensar que el sujeto va delante del verbo. Como verás en los ejemplos, su función puede ser muy variada.

Para analizar una PSAdj debes convertirla en dos oraciones simples. En *Se habló de las armas que se usaron en aquel conflicto* identificamos la PSAdj; el relativo es *que* y el antecedente *las armas*. Analizamos por un lado la proposición principal, sabiendo que la adjetiva saldrá del SN de su antecedente. En cuanto a la PSAdj, para hallar la función del relativo debes sustituirlo por su antecedente, así que te queda *Las armas se usaron en aquel conflicto*; como en esta proposición *las armas* hace de sujeto, el pronombre relativo *que* ejerce de sujeto.

En *Encontraron vasijas que se consideraron fenicias* debes analizar *Encontraron vasijas* y *Las vasijas se consideraron fenicias*; en *Subastaron los cuadros que pintaste* debes analizar *Subastaron los cuadros* y *Los cuadros pintaste*, que debes reordenar como *Pintaste los cuadros*, para no liarte. En *Pintaste los cuadros* el sujeto es *tú* y el CD *los cuadros*; como *los cuadros* está sustituyendo a *que*, el relativo hace aquí de CD. La función que tendría el antecedente en esas proposiciones es la que debes poner al relativo.

Recuerda que si la PSAdj viene precedida de una preposición, esta va siempre dentro de la PSAdj y el relativo funciona como su término. Una PSAdj jamás sale de un SP: siempre sale del SN de su antecedente.

Recuerda también que *el cual* o *el que* son pronombres, con las dos palabras, de modo que no debes analizarlos como determinante y núcleo.

En *Esa es la novela de la que te hablé* las proposiciones que tengo que analizar son *Esa es la novela* y *Te hablé de la novela*. *De la novela* hace de CRég: esa es la función del SP donde va el relativo. En *Cerraron la empresa a la que se atribuía el vertido*, cuando sustituimos el relativo por el antecedente queda *A la empresa se atribuía el vertido* o, reordenándola, *El vertido se atribuía a la empresa*; como *a la empresa* es CI, el SP donde va el pronombre relativo es CI.

57

A veces me preguntan si las PSAdj salen del sujeto o del predicado. Salen del SN de su antecedente. Si el antecedente es el núcleo del sujeto, salen del sujeto, si es un complemento del verbo, salen del predicado (aunque no directamente: solo pueden salir directamente del SN de su antecedente). Aquí tienes algunas que salen del sujeto.

Las PSAdj pueden ser especificativas o explicativas. Esta diferencia, que es muy importante con respecto al significado, no tiene relevancia para el análisis sintáctico. Las especificativas distinguen y van sin comas; las explicativas no distinguen y van entre comas. Su análisis es idéntico, como puedes ver:

Lo de distinguir se explica mejor con ejemplos. En *Los alumnos que aprobaron el examen fueron felicitados* decimos que la PSAdj distingue porque no todos los alumnos fueron felicitados: solo aquellos que aprobaron el examen. En *Los alumnos, que aprobaron el examen, fueron felicitados* entendemos que todos los alumnos aprobaron y que todos los alumnos fueron felicitados, con lo cual no se distingue entre unos y otros.

7 Proposiciones subordinadas sustantivas (PSS)

7.1 PSS con conjunción

Una proposición subordinada sustantiva sustituye a un SN y puede realizar las funciones propias de un SN, incluida la de término de cualquier SP.

La mejor prueba para identificar una PSS es que puede sustituirse por *una persona* o *una cosa*. Si tenemos *Quiero que te quedes*, *que te quedes* puede ser sustituido por *una cosa*, *Quiero una cosa*, manteniendo el sentido original de la oración. *Compré el libro que me encargaste* no puede ser reducida a **Compré el libro una cosa*. *Corre, que regalan fruta* no puede ser reducida a **Corre una cosa*.

A veces, al hacer la sustitución, la oración resultante tiene sentido, pero un sentido distinto del original. En ese caso no tenemos una PSS. Por ejemplo, en *No me grites como un loco*, podríamos sustituir por *No me grites una cosa*, pero *como un loco* no es la cosa que me gritas, así que la sustitución no es adecuada.

Normalmente las PSS llevan una conjunción que hace de nexo y no tiene otra función que unir. Los nexos más habituales son *que* y *si*: *Quiero que vengas*, *No sé si iré*. A veces tenemos una locución conjuntiva (un grupo de palabras que funciona como una conjunción) como nexo: *Me preocupa el hecho de que no se queje*.

Nunca olvides hacer la prueba de la sustitución. *Si* suele introducir PSS y PSAdv de condición. En *Cuídame si me quieres* no podemos sustituir, manteniendo el sentido, por *Cuídame una cosa* (*si me quieres* no es la cosa cuidada), así que no es PSS. En *Dime si me quieres* sí podemos sustituir por *Dime una cosa*, y si me quieres o no es la cosa que vas a decirme, de modo que es PSS.

El *que* de las PSS, a diferencia del de las adjetivas, no tiene nunca función: es solamente nexo. A veces delante del nexo puede aparecer alguna otra partícula: *Hace como que no sabe andar*. Lo mejor es considerar que el nexo es *como que*.

Una duda habitual es qué hacemos cuando encontramos una preposición delante de la PSS: si el nexo es una conjunción (no un interrogativo, ni un relativo), la preposición va siempre fuera de la proposición (y esta sale de un SP, del que es término) y sirve para determinar la función que preposición y proposición desempeñarán juntas: si, por ejemplo, la preposición es *de*, ya sabemos que no nos encontramos ante un CD.

Es necesario que se destierre el machismo.

				NP pas ref	det	N
Cóp	SAdj At	nexo	SPV			SNS
SPN			PSS S			
			O. Compuesta			

No consentiremos que se extienda el racismo.

			NV vm	det	N
	nexo	SPV			SNS
SAdv CCneg	NP	PSS CD			
	SV-SPV				
	O. Simple SO: Nosotros				

Se alegró de que valoraran su esfuerzo.

		NV	SN CD
	nexo	SPV	
	E	PSS SO: Ellos	
NV vm	SP CRég		
SPV			
O. Compuesta SO: Él			

La posibilidad de que lo contrataran la ilusionaba.

		SN CD	NV
	nexo	SPV	
	E	PSS SO: Ellos	
det	N	SP CN	NV
SNS			SPV
O. Compuesta			

CD o CI (v.afec.psíquica)

Estoy contento de que se lo contaras.

		SN CI	SN CD	NP
	nexo	SPV		
	E	PSS SO: Tú		
N	SP CAdj			
Cóp	SAdj Atrib			
SPN				
O. Compuesta SO: Yo				

Lo mejor es que se sienten todos.

		PRef CD	NV	
	nexo	SPV		SNS
det	N	Cóp	PSS Atrib	
SNS		SPN		
O. Compuesta				

He puesto ejemplos de PSS sujeto, CD, termino del CRég, del CN y del CAdj, y At. Hay más. Como ves, cuando viene precedida de preposición, ponemos la función en el SP y no la repetimos en la PSS, cuya función es *término*.

7.2 PSS sin conjunción

Proposiciones subordinadas sustantivas			
Clases	Subclases	Nexos sin función	Nexos con función
Con conjunción		que, si	
Sin conjunción	NP en **infinitivo**	preposiciones	
	Introducidas por un **interrogativo**/ exclamativo		qué, cuál, quién, cuánto, cómo, dónde, cuándo
	Introducidas por un pron relativo: **PSAdjSust**		el que, quien, cuanto

7.2.1 PSS introducidas por un interrogativo o exclamativo.

El interrogativo que las introduce sirve de nexo, pero además desempeña una función en la PSS: sujeto, CD, término del CD, del CI, del CRég…

El interrogativo o exclamativo (tienen la misma forma, funcionan del mismo modo y se analizan igual) siempre lleva tilde. Siempre que un interrogativo introduzca una proposición será una PSS.

A veces un interrogativo o exclamativo no introduce una proposición: eso sucede cuando aparece en una interrogativa o exclamativa directa y, en ese caso, suele ir acompañado de signos de interrogación o exclamación. *¿Qué quieres?* es una oración simple y en *¿Qué quieres que te diga?* la proposición principal es *Qué quieres*, porque *qué* no funciona como nexo. Ojo, porque no siempre habrá signos de exclamación o interrogación, aunque la oración sea exclamativa o interrogativa directa: *Cuánta gente hay hoy*, *Qué fácil te parece todo*.

Si tenemos una interrogativa directa, el verbo que sigue al interrogativo funciona como principal. En *Si lo viste tan claro, ¿por qué no lo dijiste?*, *dijiste* es el verbo principal, puesto que *viste* está precedido de un nexo condicional *si*.

El interrogativo puede tener tres categorías distintas.

Pronombre: *qué, quién, cuál, cuánto*. Tiene las funciones de un SN. Si es término de un SP, el SP también puede desempeñar sus funciones habituales.

Vamos a analizar paso a paso *Dime qué te preocupa*. En primer lugar subrayamos los verbos (*di* y *preocupa*, sin los pronombres). A continuación buscamos el nexo y lo metemos en un círculo. Se trata de un *qué*, con tilde, de modo que introduce una PSS. Realizamos la sustitución y nos queda *Dime una cosa*. Para averiguar la función de la PSS analizamos *Dime una cosa*. Puesto que *una cosa* es el CD, la PSS es CD. Ahora tenemos que analizar por dentro *qué te preocupa*. Sustituimos *qué* por *una cosa*. Realizamos la prueba de sujeto. **Dos cosas te preocupa* es incorrecto. Luego *una cosa* es el sujeto: en esta proposición, *qué* hace de sujeto.

No me acuerdo de qué dijeron. Metemos el nexo en un círculo. Es *qué* y solo puede introducir una PSS. Realizamos la sustitución, que sería *No me acuerdo de una cosa* y no **No me acuerdo una cosa*. Luego la PSS funciona como término del SP CRég. Veamos ahora la función del interrogativo. La sustitución nos deja *una cosa dijeron*, que reordenamos *dijeron una cosa*. Puesto que *una cosa* funciona como CD, la función del interrogativo en esta proposición es de CD. El SO es *ellos*.

La función de la proposición y del pronombre no tiene por qué ser la misma, aunque puede coincidir.

Una de las grandes dudas que surgen en las PSS de interrogativo se da cuando vienen precedidas de una preposición. Esa preposición queda casi siempre dentro de la PSS, que no suele salir de un SP, y nos indica que el interrogativo hace de término. Para estar seguros, debemos sustituir la proposición por *una cosa*.

Averigua a qué se dedica.	No sé de qué te quejas.	Investigan a quién entregó los datos.
E SN nexo / SP CRég / NV pron / SPV / NP · PSS CD SO: Él / SPV / O. Compuesta SO: Tú	E SN nexo / SP CRég / NV pron / SPV / SAdv CCneg · NP · PSS CD SO: Tú / SPV / O. Compuesta SO: Yo	E SN nexo · det · N / SP CI · NP · SN CD / SPV / NP · PSS CD SO: Él / SPV / O. Compuesta SO: Ellos

En *Averigua a qué se dedica*, sustituimos y nos queda *Averigua una cosa* y no **Averigua a una cosa*, de modo que la PSS no sale de un SP. Haciendo las pruebas en *Averigua una cosa* vemos que *una cosa* es el CD, de modo que la PSS tiene como función CD. Cuando analicemos la PSS sustituimos el pronombre por *una cosa* y nos queda *Se dedica a una cosa*. Haciendo las pruebas necesarias vemos que *a una cosa* es el CRég. El *se* de *se dedica* podría ser marca de pronominal o PRef CD. En *No sé de qué te quejas* la sustitución nos deja *No sé una cosa*: luego la PSS incluye preposición y hace de CD. La PSS queda *Te quejas de una cosa*, luego el interrogativo hace de término dentro del CRég.

Se sabe quién lo hará.	Sé a quién se lo contaste.	Explícame por quién fue descubierta la isla.
SN nexo / CD · NP / NP pas ref · SNS nexo · SPV / SPV · PSS S / O. Compuesta	E SN nexo / SP CI dupl · SN CI CD · NP / SPV / NP · PSS CD SO: Tú / SPV / O. Compuesta SO: Yo	E SN nexo · det · N / SP CAg · NP · SN / SPV · SNS / NP · SN CI · PSS CD / SPV / O. Compuesta SO: Tú

En *Investigan a quién entregó los datos*, al sustituir la proposición nos queda *Investigan una cosa*, no **Investigan a una cosa*, de modo que la PSS no sale de un SP y es CD. Al analizar la PSS tenemos *Entregó los datos a una persona*; como *a una persona* es CI, *a quién* es CI.

Me percaté de quién era el visitante.	Se enteró de qué comías.	Se informó de a quién escribieron la carta.
Cóp · SN Atrib / SNS nexo · SPN / E · PSS / NV vm · SP CRég / SPV / O. Compuesta SO: Yo	SN CD nexo · NP / SPV / E · PSS SO: Tú / NP pron · SP CRég / SPV / O. Compuesta SO: Él	E SN nexo · det · SN / SP CI · NP · SN CD / SPV / E · PSS SO: Ellas / NP imp · SP CRég / SPV / O. Compuesta

Es raro que la preposición quede fuera de la PSS introducida por interrogativo. Sucede, por ejemplo, con verbos que necesitan CRég. Sabrás que tienes que sacar la PSS de un SP por la sustitución. *Se enteró de qué comías* queda como *Se enteró de una cosa*, no como **Se enteró una cosa*. *Se informó de a quién* *escribieron la carta* queda como *Se informó de una cosa*, no como **Se informó una cosa* (analizo esta última como impersonal, aunque podría entenderse que hay un SO *él* y *se* es PRef CD). En *Se enteró de qué comías*, *se* puede analizarse como marca de voz media si se enteró por casualidad, como pronominal si hizo cuanto pudo por enterarse y como PRef CD (más forzado) si consideramos que es la versión reflexiva de *enterar a alguien de algo*.

Determinante: *qué, cuánto*. Los determinantes siempre acompañan a un nombre.

Es muy importante que, antes de analizar, determines la categoría del interrogativo. En *Dime cuántos tienes* es un pronombre. En *Mira qué fácil* complementa a un adjetivo, luego es un adverbio. En *No sé qué libro leeré* complementa a *libro*, que es un nombre, y por tanto es un determinante. Por supuesto, el determinante irá siempre en el SN del nombre al que acompaña.

Adverbio: *cuándo, cómo, dónde/adónde, cuánto, qué, cuán*. *Cuándo, cómo* y *dónde/adónde* siempre son adverbios interrogativos y siempre funcionan como CC, de tiempo, modo y lugar, respectivamente. *Cuánto* puede ser adverbio, determinante o pronombre, de modo que hay que asegurarse de si es variable o invariable en su contexto. *Qué* siempre es invariable. Funciona de adverbio cuando acompaña a un adjetivo o a otro adverbio, como en *¡Qué fácil resulta!* o en *Qué lentamente avanza el tren*. En *¿Qué quieres?* es pronombre. En *¿Qué disco han pinchado?* es determinante. *Cuán* siempre es adverbio y complementa a adjetivos y adverbios: hoy se usa poco. Excepcionalmente, *cómo* puede ser PVO: *¿Cómo te llamas?* Fíjate en que la respuesta sería siempre un SN.

En *Mira cuánto llueve* es imposible decir *cuánto* en plural, así que es adverbio. En *No sé cuántos compré*, *cuántos* va en plural y no acompaña a un nombre, así que tiene que ser pronombre. En *No sé cuánto compré* se puede analizar de ambas formas, según se entienda que *cuánto* es un adverbio que indica cantidad o un pronombre que sustituye, por ejemplo, a *cuánto queso*. Si decidimos que es un adverbio funcionará como CCCant; si decidimos que es un pronombre, como CD. En *Cuánto calor hace* funciona como determinante. Recuerda que en este caso el interrogativo no introduce una proposición y, por tanto, no funciona como nexo.

7.2.2 Proposiciones subordinadas adjetivas sustantivadas (PSAdjSust)

Las PSAdjSust funcionan como una PSS, así que pueden sustituirse por *una persona* o *una cosa* y siempre vienen introducidas por los pronombres relativos *el que, la que, lo que, los que, las que, quien, quienes, cuanto, cuanta, cuantos, cuantas*. Nunca tienen antecedente. La NGLE las llama adjetivas con antecedente implícito.

Cómo identificar las PSAdjSust
1- Asegúrate de que vienen introducidas por *el que, quien, cuanto* o sus variantes. Estos pronombres relativos pueden introducir una PSAdj o una PSAdjSust, así que tienes que hacer más pruebas.
2- Si la proposición entera se puede sustituir por *una persona* o *una cosa* estamos ante una PSAdjSust. Si no es posible, el nexo podrá sustituirse por *el cual* o una de sus variantes, y estaremos ante una PSAdj.
3- Si la proposición no tiene antecedente estamos ante una PSAdjSust. Si lo tiene, estamos ante una PSAdj.

En *Avisa a quienes conoces*, encuentro un *quienes*, sin tilde, que introduce una proposición. Por tanto, tiene que ser PSAdj o PSAdjSust. Pruebo con *Avisa a una persona* y es correcto. Pruebo con **Avisa al cual conoces* y no es correcto, porque *al cual* no se refiere a nadie. Luego es PSAdjSust. Para confirmarlo busco el antecedente y no lo encuentro: nueva prueba de que es una PSAdjSust.

En *Hizo cuanto pudo*, lo subrayado puede sustituirse por *lo*, lo que demuestra que es el CD y tiene valor sustantivo. Sin embargo, en lugar de un nexo, encontramos un pronombre relativo que introduce la proposición (*cuanto*) y que carece de antecedente: por eso se trata de una PSAdjSust. También es posible *Hizo todo cuando pudo*, donde *todo* es el antecedente y *cuanto pudo* una PSAdj CN. Algunas gramáticas enseñan que en *Hizo cuanto pudo* hay una PSAdv de cantidad: no recomiendo en absoluto ese análisis.

Si tengo *Avisa al vecino a quien conoces*, la presencia de *quien* me indica que se trata de una PSAdj o de una PSAdjSust. Hago la prueba de la PSAdjSust, **Avisa al vecino a una persona*, y veo que es incorrecto. Hago la prueba de la PSAdj y queda *Avisa al vecino al cual conoces*. Correcto: luego es PSAdj. Para asegurarme, compruebo que el antecedente de *el cual* es *vecino*: lo es, de modo que tenemos una PSAdj.

Para analizar las PSAdj sustituimos el relativo por el antecedente. Como en las PSAdjSust no tenemos antecedente, sustituimos el relativo por *una persona* o *una cosa*. El pronombre relativo siempre tendrá función, además de ejercer como nexo. Su función puede ser cualquiera de las que desempeña un SN o término de un SP, y no tiene por qué coincidir con la función de la PSAdjSust que introduce.

En *Quienes paseaban por allí eran mayores* tenemos una PSAdjSust equivalente a *Unas personas eran mayores*. La función de la PSAdjSust es sujeto. Para analizar por dentro la PSAdjSust sustituyo el relativo y obtengo *Unas personas paseaban por allí*: *unas personas* es el sujeto, y también lo es, por tanto, el relativo.

En *Sé lo que hicisteis el último verano* tenemos una PSAdjSust que se sustituye por *Sé una cosa*. La proposición es CD. Analizo la subordinada sustituyendo *lo que* por *una cosa*. Me queda *Una cosa hicisteis el último verano*, que, reordenada, es *Hicisteis una cosa el último verano*. El relativo es CD.

En *Lo que dices es cierto* tengo una PSAdjSust que puedo sustituir por *Una cosa es cierta*, de modo que es sujeto. Analizo el interior de la PSAdjSust y queda *Una cosa dices*, que se reordena en *Dices una cosa*: ahora *una cosa* es CD y, por tanto, el relativo es CD.

Quienes paseaban por allí eran mayores.				
	NP	SP CCL		
SNS nexo	SPV		Cóp	SAdj Atrib
PSAdjSust S			SPN	
O. Compuesta				

Sé lo que hicisteis el último verano.		
SN CD nexo	NV	SN CCT
	SPV	
NP	PSAdjSust CD SO: Vosotros	
SPV		
O. Compuesta SO: Yo		

Lo que dices es cierto.		
SN CD nexo	NP	
SPV	Cóp	SAdj Atrib
PSAdjSustS SO: Tú	SPN	
O. Compuesta		

Si tenemos una PSAdjSust precedida de preposición, la preposición suele quedar fuera de la proposición y nos indica que no es el relativo, sino la proposición entera, quien hace de término: el conjunto de preposición y proposición desempeña una función dentro de la oración, que puede ser CD, CRég, CI, At…

Imaginemos *Se arrepintió de los que falló*. Marcamos los dos verbos y el nexo. Puesto que se trata de *los que*, tiene que ser PSAdj o PSAdjSust. De las dos, no puede ser PSAdj porque carece de antecedente. Ya sabemos que es una PSAdjSust. Ahora nos preguntamos dónde comienza. Sustituimos por **Se arrepintió una cosa* y *Se arrepintió de una cosa*. La segunda es la correcta. Por tanto, la preposición queda fuera de la PSAdjSust, y el SP del que sale hará de CRég. Luego la proposición es solo *Los que falló*, sin *de*. Ahora tenemos que analizar por dentro la PSAdjSust. Para ello sustituimos el relativo y nos queda *Unos goles falló* o *Falló unos goles*. *Unos goles* hace de CD, por tanto *los que* es CD.

Para analizar hay que comprender el significado de las oraciones. En *Han investigado a quién robó los cuadros*, han investigado una cosa, la identidad de la persona a la que robaron los cuadros. En *Han investigado a quien robó los cuadros* han investigado a una persona, a la persona que robó los cuadros: sus ingresos, sus antecedentes, su posible coartada...

En *Avisa a quien conoces* encontramos una dificultad especial. Al sustituir en la principal nos queda *Avisa a una persona*. La preposición ha quedado fuera. Por tanto la subordinada queda **Quien conoces* y, sustituyendo, **Conoces una persona*, en lugar de *Conoces a una persona*, que sería lo normal. Eso se debe a que no podemos escribir dos veces seguidas la preposición *a*, una para indicar la función de la proposición y otra la del pronombre. En *Es a lo que te arriesgas* la PSAdjSust lleva una preposición delante y no sale de un SP. Esta preposición sirve para que *lo que* pueda funcionar como término dentro del CRég, *a lo que*. Algo parecido sucede en *Sé de lo que me hablas* o *Me imagino por lo que estás pasando*.

[Diagramas sintácticos de las oraciones: "Avisa a (a) quien conoces.", "Es a lo que te arriesgas.", "Sé de lo que me hablas.", "Me imagino por lo que estás pasando."]

> El uso como determinante relativo de *cuanto* es correcto, pero raro: *Hizo cuantas maniobras le pedí*. Su sentido equivale a *todo el* + *sust* + *que*. Como determinante, *cuanto* siempre introduce PSAdjSust, pero como pronombre puede introducir PSAdj (*Hizo todo cuando quiso*) o PSAdjSust (*Hizo cuanto quiso*).

> Resulta difícil analizar oraciones como *Llegará tarde, lo cual le traerá problemas*. Se trata de una adjetiva sustantivada cuyo antecedente es una proposición, y no un elemento nominal. Su función sintáctica es la de complemento oracional en aposición de la proposición principal, a la que matiza, amplía o explica. Esta misma interpretación sirve para analizar *Siempre llega tarde, conducta que todos reprobamos* o *Zancadilleó al rival, acción que le supuso tarjeta amarilla*, lo que demuestra que cualquier categoría sustantiva (sea SN o una proposición sustantiva/sustantivada) puede funcionar como aposición, no solo de un nombre o un pronombre, sino de toda una proposición. Se trata de un asunto interesante, puesto que no suelen introducirse entre los complementos oracionales las PSAdjSust y además resulta extraño que una aposición no tenga por referente un nombre o un pronombre.

> La NGLE no considera que existan las PSAdjSust: las considera adjetivas con antecedente implícito. Para la NGLE, *Ponlo donde te dije* no incluye una PSAdv, sino una PSAdj con antecedente implícito. Y, puesto que entiende que hay PSAdj, no considera ese *donde* como nexo, sino como adverbio relativo, con función propia. Ello supone un análisis muy distinto del que suele hacerse en clase y por eso no lo hemos tenido en cuenta.

7.2.3 PSS con verbo en infinitivo

Cuando una proposición lleva el verbo en infinitivo casi siempre es subordinada. Hay algunos casos en los que el infinitivo puede hacer de verbo principal, pero son excepcionales en español. Por ejemplo, eso sucede cuando usamos el infinitivo como imperativo que da una orden válida para todo el mundo, como en *No fumar en esta sala*.

Cuando una subordinada tiene el verbo en infinitivo puede tratarse de una PSS o de una PSAdv. Para probarlo la sustituimos por *una cosa*. Si la sustitución mantiene el significado original es una PSS. En *Me gusta comer patatas*, puedo sustituir por *Me gusta una cosa*. Luego es PSS. En *Al abrir la puerta me encontré con tu primo* no puedo sustituir ni por **Una cosa me encontré con tu primo* ni por **Al una cosa me encontré con tu primo*, así que es PSAdv y no PSS.

Una vez identificada la PSS con verbo en infinitivo, debes recordar que no puedes encontrar el sujeto por concordancia, porque el infinitivo y el gerundio no tienen ninguna marca de género, número o persona y por tanto no pueden establecer concordancias.

Marca el sujeto del infinitivo o del gerundio como **sujeto de forma verbal no personal**, **SFVnp**. A diferencia de lo que pasa con el SO normal, con el SFVnp no es preciso señalar lo que queda omitido, puesto que no hay concordancia, así que este sujeto es asunto de la semántica o de la pragmática textual, más que de la sintaxis. Este sujeto suele ser el mismo de la principal, aunque no lo es siempre, y es raro que aparezca escrito, pero puede suceder.

En *Decidiste arreglar la moto* el sujeto lógico de *decidiste* y el de *arreglar* es *tú*, pero como en el segundo caso no hay posible concordancia no ponemos SNS, sino SFVnp. En *Me gusta comer manzanas* el sujeto de *Me gusta* es la PSS *comer manzanas*, y el SFVnp de la PSS es *yo*, así que esta vez no coinciden. En ninguno de los dos casos aparece escrito el SFVnp, pero sí aparece en *No quiero llevar yo la caja*.

Cuando al SP del que sale una PSS le corresponde una de las funciones que puede desempeñar una PSAdv, optaremos preferentemente por la adverbial, porque suele ser la opción más seguida por los profesores. En *He venido a jugar al fútbol*, lo subrayado sería SP CCFin y dentro llevaría una PSS-término: Es preferible analizarla como PSAdvFin, aunque los dos análisis son adecuados. En *Lo haré antes de comer* se puede analizar como SAdv CCT, dentro del cual hay un SP CAdv, dentro del cual hay una PSS-término, o como PSAdvT cuyo nexo es *antes de que*. El segundo análisis es más habitual.

He venido a jugar al fútbol.	He venido a jugar al fútbol.	Lo haré antes de comer.
NP SP-C Rég / NXO SV-SPV SFVnp / NP Prop Sub Adv Fin CC Fin / SV-SPV SO: Yo / O. Compuesta SO: Yo	SPV / E PSS SFVnp / NP SP CCfin / SPV / O. Compuesta SO: Yo	NXO SV SPV SFVnp / SN CD NP Prop Sub Adv T -CC T / SV-SPV SO: Yo / O. Compuesta

En *Lo hizo a pesar de su estatura* lo subrayado es SP CC de concesión, luego *Lo hizo a pesar de que era poco alto* o *Lo hizo a pesar de ser poco alto* se podría analizar como un SP CC de concesión del que dentro sale una PSS, pero recomiendo que lo analices como una PSAdvConces para evitar problemas. En *Me animó a salir* lo subrayado es Sprep CRég: de ningún modo hay PSAdv.

Lo hizo a pesar de que era poco alto.	Lo hizo a pesar de que era poco alto.	Me animó a salir.
SAdv CAdj N / Cóp S Adj-Atrib / NXO SV-SPN / SN CD NP Prop Sub Adv-CC Conc / SV-SPV / O. Compuesta SO: Él	SAdv CAdj N / Cóp S Adj-Atrib / NXO SV-SPN / E Prop Sub Sust-Térm / SN CD NP SP-CC Conces / SV-SPV / O. Compuesta SO: Él	E PSS SFVnp / SN CD NP SP CRég / SPV / O. Compuesta SO: Ella

Si encontramos un *se* hay que conjugar el verbo para poder hacer las pruebas. En *Marcharse de allí fue un acierto*, vemos que *se* es pronominal inherente cuando consideramos *Él se marchó de allí*. En *Le gusta lavarse los dientes*, convertimos *Lavarse los dientes* en *Él se lava los dientes* y así podemos averiguar que se trata de un PRef CI. En *Quedarse dormido lo salvó del accidente*, vemos que es voz media cuando consideramos *Él se quedó dormido*.

Marcharse de allí fue un acierto.	Le gusta lavarse los dientes.	Quedarse dormido lo salvó del accidente.
E SAdv / NV pron SP CCL Det N / SPV Cóp SN Atrib / PSSS SFVnp SPN / O. Compuesta	NP PRef CI SN CD / SPV / PP CI NP PSS S SFVnp / O. Compuesta	NP vm SAdj PVO / SPV SN CD NP SP CRég / PSS S SFVnp SPV / O. Compuesta

> **Verbos de percepción y causativos**. Se trata de dos de los casos más difíciles, hasta el punto de que no hay acuerdo, ni para el análisis, ni para considerar cuándo se produce leísmo o laísmo. Por eso los libros de texto no suelen atreverse a abordarlos y los alumnos no los analizan. En realidad, no se trata de que el alumno resuelva el problema a los lingüistas, pero sí de

ofrecerle una ocasión de reflexionar acerca de la riqueza de matices sintácticos de la lengua.

Son verbos de percepción *oír, ver, oler, escuchar, sentir*... ¿Cómo analizamos *La oí cantar flamenco*? Tradicionalmente se explicaba que *la* era un sujeto en acusativo de un verbo no concertado, siguiendo las pautas empleadas para el latín. Parece más sencillo considerar que *la* es el CD y la PSS hace de PVO. No faltan tampoco quienes sostienen que debería decirse *Le oí cantar flamenco*, porque *le* es CI y la PSS es CD. Recomiendo el análisis como predicativo. También podemos decir *La vi cantando flamenco*. En este caso podemos analizar como una PSAdv en función de PVO o de CC de modo o de tiempo. Debemos tener precaución al usar estar oraciones para evitar la ambigüedad: si el contexto no es claro no sabemos si quien cantaba flamenco era yo o ella.

Son verbos causativos *hacer, permitir, dejar*... en oraciones como *Me hizo cambiar de opinión, La permitió realizar el viaje* o *Los dejó descansar*. Para ellos vale la misma reflexión que empleamos con los de percepción.

8 Proposiciones subordinadas adverbiales (PSAdv)

Tipo	Clases	Nexos
Modo		como, según, como si, conforme, tal y como
Tiempo		cuando, mientras, apenas, en tanto que, al tiempo que, a medida que, tan pronto como, una vez que, después de que, a la vez que, siempre que
Lugar		donde, prep + donde
Causa		porque, como, pues, puesto que, que, gracias a que, ya que, en vista de que, como quiera que
Finalidad		para que, a que, a fin de que, con el fin de que, con el propósito de que, con la intención de que.
Condición		si, a condición de que, en caso de que, siempre que, siempre y cuando, mientras, como, a no ser que, a menos que
Concesión		aunque, por más/mucho que, aun cuando, a pesar de que, si bien, por (muy) +adj+ que
Consecuencia	Ilativas	así que, conque, luego, pues, por consiguiente, en consecuencia, de manera que
	Intensivas	tal, tanto, tan... que
Comparación	Superioridad	menos... que
	Igualdad	tanto/tan... como
	Inferioridad	más... que

Aunque algunas gramáticas recomiendan localizar las proposiciones subordinadas adverbiales (PSAdv) sustituyéndolas por un adverbio, es mejor no hacer ninguna prueba e identificarlas por descarte. No hagas nunca las pruebas sustituyendo por el adverbio *así*, que puede sustituir a un CC o a una PSAdv, pero también a un adjetivo (*Las chicas guapas me gustan* > *Las chicas así me gustan*) o a una PSAdj (*Los chicos que bailan son divertidos* > *Los chicos así son divertidos*).

¿Cómo las localizamos? Primero miramos el nexo para ver si es coordinante. En caso de que no lo sea hacemos la prueba de la PSAdj. En caso de que no sea PSAdj hacemos la sustitución por *una persona* o *una cosa* para ver si es PSS. Si todas las pruebas nos dan negativas tenemos una PSAdv. Las PSAdv suelen salir del predicado, pero existen excepciones que veremos luego.

Una vez localizada la PSAdv sí existen pruebas para averiguar de qué tipo es. En total, vamos a estudiar nueve tipos de PSAdv.

Las adverbiales son proposiciones no exigibles (podemos prescindir de ellas) y salen del predicado, como CC, salvo las que llevan cuantificador, que pueden salir de cualquier sintagma (consecutivas intensivas y comparativas), y las modales (*Las personas como tú nunca se rinden*).

Hay profesores que explican que algunas PSAdv impropias son siempre complemento oracional, otros que algunas lo son en ciertos casos y otros que toda PSAdv funciona como CC. Pondré ejemplos que demuestran la extrema dificultad que supone para el alumno de Secundaria distinguir las adverbiales que funcionan como C Orac de las que lo hacen como CC.

Si quiero relacionar *Llueve* y *Me mojo*, está claro que *Llueve* es la causa y *Me mojo* la consecuencia, así que lo normal es que encontremos *Me mojo porque llueve* (causal) y *Llueve, así que me mojo* (consecutiva). Sin embargo, existen causales como *Llueve, porque me mojo*, donde *porque* va delante de la consecuencia. Estas oraciones se llaman causales de la enunciación, porque no indican la causa del hecho enunciado, sino del acto de expresarlo, frente a las causales del enunciado, las habituales, que sí expresan la causa de la acción verbal. Lo que el hablante entiende es *Sé que llueve porque me mojo*. Las causales del enunciado son CC, pero las causales de la enunciación son C Orac. También tenemos concesivas del enunciado (*Me lo estudiaré todo aunque sea difícil*), que son CC, y de la enunciación (*Me lo estudiaré todo, aunque sea domingo*), que son C orac.

Si para el alumno de Secundaria es imposible distinguir unas y otras a esta edad, lo mejor es tomar el camino más sencillo: todas CC, menos consecutivas intensivas, comparativas y algunas modales.

8.1 PSAdv de modo

Se localizan preguntando al verbo principal *¿cómo?* El nexo puede ser *como, según, como si* (modal condicional), *conforme, tal y como*.... Las proposiciones con NP en gerundio suelen ser de este tipo, aunque no lo son siempre.

[Diagramas de análisis sintáctico:
- "Hazlo como te parezca mejor." — O. Compuesta SO: Tú
- "Se comporta como si nada le importara" — O. Compuesta SO: Ella
- "Se elaboran tal y como manda la tradición" — O. Compuesta SO: Esas cosas]

8.2 PSAdv de tiempo

Se localizan preguntando al verbo principal *¿cuándo?* El nexo puede ser *cuando, mientras, apenas, en tanto que, al tiempo que, a medida que, tan pronto como, una vez que, después de que, a la vez que, siempre que...* Las proposiciones con verbo en participio, o con infinitivo precedido por *al* suelen ser de este tipo.

En *Llegó antes de que lo avisara* podemos considerar que tenemos un SAdv CCT cuyo núcleo es *antes*, que incluye un SPrep CAdv, con una preposición y una PSS-término, o bien que tenemos una PSAdv cuyo nexo es *antes de que*.

[Diagramas de análisis sintáctico:
- "Te lo devolveré antes de que se gasten las pilas." — O. Compuesta SO: Yo (dos análisis)
- "Se despejarán las dudas a medida que avance el tiempo." — O. Compuesta
- "La puerta se abrió sola apenas comenzó la música." — O. Compuesta]

8.3 PSAdv de lugar

Se localizan preguntando al verbo principal *¿dónde?* El nexo suele ser *donde*, a veces con una preposición delante.

Se dirigió hacia donde la esperaban.	Se enriqueció donde menos lo pensaba.	Se escapó por donde encontró un agujero.
SN CD / NP	SAdv CCCant / SN CD / NP	NP / SN CD
nexo / SPV	nexo / SPV	nexo / SPV
NP pron / PSAdvL SO: Ellas	PRef CD / NP / PSAdvL SO: Ella	Dat / NP / PSAdvL SO: Ella
SPV	SPV	SPV
O. Compuesta SO: Ella	O. Compuesta SO: Ella	O. Compuesta SO: Ella

8.4 PSAdv de causa

Su nexo equivale a *porque*. Otros nexos habituales son *como* (siempre delante de la proposición principal), *pues, puesto que, que, gracias a que, ya que, en vista de que, como quiera que, por si* (causal condicional).

Algunas gramáticas recomiendan buscarlas preguntando *¿por qué?*, pero muchas veces no funciona. En la oración *Como estaba fresco corría deprisa*, si preguntamos *¿por qué corría deprisa?* no nos responderá *como estaba fresco*. Pero si hacemos la sustitución del nexo por *porque* nos quedará *Porque estaba fresco corría deprisa*, que tiene el mismo sentido que la original. Así no nos equivocamos. Eso sí, debemos ser cuidados con oraciones como *Se mata a trabajar porque tú no pases hambre*, en la que la subordinada expresa finalidad y no causa.

Tradicionalmente se dice que van con indicativo, pero te recomiendo que no tengas eso en cuenta. Te encontrarás con oraciones como *No protesta porque le vayan mal las cosas* o *No te lo dice porque esté enfadada contigo* que llevan subjuntivo y expresan claramente causa.

Como estaba fresco, corría deprisa.	Déjame, que estoy cansado.	Porque tú lo digas no tiene que ser así
Cóp / SAdj Atrib	Cóp / SAdj Atrib	SN CD / NP
nexo / SPN	nexo / SPN	NXO / SN Suj / SV-SPV
PSAdvCausal SO: Él / NP / SAdv CCM	NP / SN CD / PSAdvCausal SO: Yo	Prop Sub Adv Caus / CC Caus / SAdv Neg / cóp / S Adj Atrib
SPV	SPV	SV-SPN SO: Eso
O. Compuesta SO: Él	O. Compuesta SO: Tú	O. Compuesta

Como en todas las PSAdv, asegúrate antes de que no es PSS. En *Apuesto por que ganarán los mejores* tenemos una PSS-término dentro del SP CRég, porque el que apuesta siempre apuesta por algo, y aquí no se expresa la razón de la apuesta. En *Apuesto, porque sé la respuesta* sí tenemos una PSAdvCausal.

Apuesto por que ganarán los mejores.	Apuesto, porque sé la respuesta.
nexo / SPV / SNS	NP / SN CD
E / PSS	nexo / SPV
NP / SP CRég	NP / SPAdv Causal SO: Yo
SPV	SPV
O. Compuesta SO: Yo	O. Compuesta SO: Yo

A veces la sintaxis nos ayuda a mejorar nuestra ortografía, como sucede con la escritura de **porque, porqué, por que** y **por qué**. Escribimos *porque* cuando tenemos un nexo causal, *porqué* cuando tenemos un nombre (lo sabrás porque lleva delante un determinante) y *por qué* cuando tenemos un pronombre interrogativo precedido de una preposición. *Por que* lo vas a encontrar en dos casos: 1- Cuando tengas una PSAdj a la que se le ha suprimido parte del relativo: *Es la razón por (la) que llegué tarde*. Es poco habitual en español de España. 2- Cuando la preposición *por* venga exigida por un verbo (introduce un CRég: *Apuesto por que ganarán los mejores*) o por otra palabra (introduce un complemento de régimen no verbal: *La apuesta por que ganarían las elecciones salió mal*), si su proposición lleva el verbo en indicativo, es obligatorio escribir *por que*, separado (es incorrecto **Apuesto porque ganarán los mejores* o **La apuesta porque ganarían las elecciones salió mal*). Sin embargo, si lleva el verbo en subjuntivo, podemos escribir *por que* o *porque*: *Abogó porque/por que se cambiara la ley*.

A veces encontramos causales con nexos intensivos: *De lo que me dolía la cabeza no pude estudiar, De lo rápido que corre nadie lo alcanza*. El alumno puede confundirlas con las consecutivas intensivas (*Me dolía tanto la cabeza que no pude estudiar, Corre tan rápido que nadie lo alcanza*). Yo les recomiendo que consideren como nexo causal *de lo que* o *de lo... que*. Lo menciono como el único caso en que tendremos un *lo que* que no introduce una PSAdjSust.

8.5 PSAdv de finalidad

El nexo equivale a *para que* o a *para* más infinitivo. Otros nexos habituales: *a que, a fin de que, con el fin de que, con el propósito de que, con la intención de que*, todos ellos con *que* ante verbo conjugado y sin *que* delante de un infinitivo.

Cuando la preposición que precede a la proposición es *a* conviene ser prudente. Antes de darla como final, asegúrate de dos cosas: de que no forma perífrasis con el verbo anterior (*Empezó a llover*) y de que no es una PSS con función de CRég (*El equipo rival nos obligó a esforzarnos*).

He venido a que me lo cuentes.				Se tuteaban con el propósito de que todos los creyeran amigos.				
		SN CI	SN CD	NP			SN CD	NP	SN PVO
	nexo			SPV		nexo	SNS		SPV
NP	PSAdvFinal SO: Tú				PRec CD	NP	PSAdvFinal		
	SPV						SPV		
O. Compuesta SO: Yo					O. Compuesta SO: Ellos				

Para que sea una PSAdvFin, *a* tiene que significar *para* y ambas preposiciones deben ser intercambiables: *He venido a que me lo cuentes* equivale a *He venido para que me lo cuentes*. Cuando el verbo está conjugado, tiene que ir en subjuntivo. Como explicamos antes, estas proposiciones pueden ser analizadas como un SP CCFin que lleva dentro una PSS-término.

Mira estas dos oraciones: *Ven, que te peine*; *Ven, que te voy a peinar*. Parecen similares, pero se analizan de forma diferente. En la primera, el sentido es *Ven (para) que te peine*, así que es final. En la segunda queremos decir *Ven (porque) te voy a peinar*, así que es causal. Cuidado también con oraciones como *Lo hice porque no pasaras frío*: no expresa la causa, sino la finalidad.

8.6 PSAdv de condición

El nexo equivale a *si*, pero la proposición no es PSS. Los nexos más habituales son: *si, a condición de que, en caso de que, siempre que, siempre y cuando, mientras, como, a no ser que* (equivale a *si no*), *a menos que* (equivale a *si no*).

Es muy importante que pruebes primero si se trata de una PSS. *Si bebes no conduzcas* es condicional, pero *No me dijo si había bebido* es PSS. Si en la primera sustituyo por *Una cosa no conduzcas* o *No conduzcas una cosa*, está claro que *si bebes* no es la cosa conducida, sino la condición para que no bebas. Sin embargo, en la segunda sí puedo decir *No me dijo una cosa*, y *si había bebido* es la cosa que no me dijo.

Es muy importante que recuerdes que las condicionales admiten tanto indicativo como subjuntivo y que a menudo tienes que cambiar un modo por otro al cambiar el nexo por *si* para que mantenga el sentido.

En *Te lo daré en caso de que lo necesites* no podemos decir **Te lo daré si lo necesites*, pero sí *Te lo daré si lo necesitas*, así que es condicional. En *Lo haré a no ser que se haga tarde* no puedo decir **Lo haré si no se haga tarde*, pero sí *Lo haré si no se hace tarde*, así que es condicional. Como ves, en este caso, en lugar de sustituir por *si*, he sustituido por *si no*.

El nexo *como* sirve para introducir **adverbiales muy distintas**. En *Como sonaba demasiado lo apagué* el significado es *Lo apagué porque sonaba demasiado*: causal. En *Como suene demasiado lo apagaré* es *Si suena demasiado lo apagaré*: condicional. En *Sonaba como suena un avión*, si preguntamos *¿cómo sonaba?* comprobamos que es una modal. Ojo: si lleva tilde introduce una PSS (*No sé cómo sonaba*) y si lleva antecedente una PSAdj (*Me extrañó el modo como sonaba*).

Sonaba como suena un avión.	Como sonaba demasiado lo apagué.	Como suene demasiado lo apagaré.
nexo SPV SNS	NP SAdv CCCant	NP SAdv CCCant
NP PSAdvM	nexo SPV	nexo SPV
SPV	PSAdvCausal SO: Eso — SN/CD — NP	PSAdvCondic SO: Eso — SN/CD — NP
O. Compuesta SO: Eso	SPV	SPV
	O. Compuesta SO: Yo	O. Compuesta SO: Yo

8.7 PSAdv concesivas

El nexo es *aunque* o un nexo de significado equivalente, como *por más que*, *por mucho que*, *aun cuando*, *a pesar de que*, *si bien*, *por (muy)* +adj+ *que*, *por (muy)* +adv+ *que*. Algunos libros consideran que *aunque* puede, en ocasiones, introducir coordinadas adversativas: como resulta muy difícil establecer cuándo lo hace, he considerado todas PSAdvConces. Por si acaso, incluye esta nota: *Analizo como concesiva esta proposición siguiendo la línea de Alarcos, que considera que aunque solo introduce proposiciones concesivas*. Muchos profesores no compartirán esta solución, pero pocos en su sano juicio se atreverán a decir que saben más que Alarcos.

Aunque me invitara, no iría.	Por insistente que sea, no la admitirán.	Por más que se lo recomienden, no hace caso.
SN/CD NP	S Adj-Atrib cóp	SN/CI SN/CD NP
nexo SPV	NXO SV NXO	nexo SPV
PSAdvConces SO: Él SAdv/CCneg NP	Prop Sub Adv Conc -CC — SAdv SN/CD — NP	PSAdvConces SO: Ellos SAdv/CCneg NP
SPV	SV-SPV SO: Ellos	SPV
O. Compuesta SO: Yo	O. Compuesta	O. Compuesta SO: Él

A veces es difícil distinguir una concesiva de una causal, como en *No por mucho madrugar amanece más temprano*. Es posible analizarla de ambas formas.

> ***Aunque*, ¿adversativo?** La mayor parte de las gramáticas incluyen *aunque* como nexo adversativo. La dificultad llega a la hora de distinguir cuándo funciona como nexo coordinante adversativo o como subordinante concesivo. Si juntas a diez profesores bien preparados cada uno te dará una explicación distinta. Estos son los criterios más habituales para distinguirlos:

- Si *aunque* puede sustituirse por *pero* es adversativo y si puede sustituirse por *a pesar de (que)* es concesivo.
- Si el verbo de *aunque* va en indicativo la proposición es adversativa y si va en subjuntivo, concesiva.
- Si la acción de *aunque* es anterior o se asocia a condición o causa es concesiva.
- Si la acción de *aunque* no impide que se realice la acción de la principal es concesiva.

Todos estos criterios son respetables y discutibles. Además, los dos últimos requieren una reflexión sobre pragmática textual que no siempre queda al alcance de los alumnos de Secundaria. Y, sea cual sea el método que se siga, siempre hay oraciones fronterizas. Recomiendo al alumno que analice como concesivas todas las proposiciones introducidas por *aunque*.

Proposiciones ganadoras y perdedoras. Si decides explicar a tus alumnos la diferencia entre adversativas y concesivas partiendo de criterios semántico-pragmáticos, hay una explicación sencilla. Si parto de las oraciones *Me sujeté* y *Me caí*, veo que muestran oposición entre ellas, porque cuando me sujeto no suelo caerme. Digamos que la acción de sujetarme ha perdido, puesto que no ha surtido el efecto deseado, y la de caerme ha ganado. Si deseo unirlas, me saldrán dos proposiciones: *Me sujeté pero me caí* y *Aunque me sujeté, me caí*. La idea es la misma, pero la estructura no. En la primera he decidido poner el nexo en la proposición ganadora: por eso me sale una adversativa. En la segunda lo he puesto en la oración perdedora: por eso me sale una concesiva. El nexo se coloca cada vez en una de las dos proposiciones porque la idea adversativa y la concesiva son complementarias: funcionan de modo similar a como lo hacen las causales y las consecutivas. Las proposiciones concesivas oponen una dificultad a la principal, pero al final esta se cumple. Los nexos adversativos se colocan delante del enunciado que se ha cumplido y dejan detrás el obstáculo que no ha podido evitar que se cumpliera. Encontrarás muchas oraciones fronterizas y bastantes excepciones, pero se trata de una explicación acertada que los alumnos comprenden. En cualquier caso, en Secundaria, recomiendo que los alumnos distingan estas proposiciones por criterios formales y no semántico-pragmáticos.

En *Por mucho que lo expliques no lo entenderán*, *mucho* no forma parte del nexo: es un SAdv CC de cantidad. En *Por muy listo que seas no lo solucionarás*, *muy* complementa a *listo*. En *Por mucho dinero que tenga no podrá sobornarnos*, *mucho* es determinante de *dinero*. Si los incluimos en el nexo es para facilitar la labor de los alumnos.

8.8 PSAdv consecutivas

Hay dos tipos. Las no intensivas o ilativas, son las más sencillas.

Las **ilativas** vienen introducidas por un nexo equivalente a *por tanto*. Algunas gramáticas las consideran proposiciones coordinadas. Sus nexos más habituales son: *conque, pues, luego, así que, de manera que, de modo que*. Todos estos nexos pueden funcionar también como conectores. *Por consiguiente* y *en consecuencia* constituyen locuciones adverbiales y forman complementos oracionales de valor consecutivo, compatibles con un nexo: *Anularon el gol y, por consiguiente, perdimos el partido*.

Las **intensivas** tienen un problema: no complementan al verbo, sino a una partícula que las precede y a la que vamos a llamar cuantificador, puesto que expresa cantidad. Esa partícula es *tal, tan, tanto* y sus variantes, y tiene su propia función, como puedes ver en los análisis. Por eso estas proposiciones pueden salir de cualquier sintagma: si el cuantificador complementa a un nombre es determinante y la proposición sale del SN; si es un adverbio puede complementar a un adjetivo, a un adverbio o a un verbo, y saldrá del sintagma de su núcleo; si es pronombre, será núcleo de un sintagma nominal. La PSAdv consecutiva intensiva sale siempre del sintagma donde va el cuantificador.

El nexo de las consecutivas intensivas es *que*: ahí comienza la PSAdvConsec, que funciona como complemento del cuantificador.

En *Es tan majo que todos lo queremos* el cuantificador sale de un SAdj. En *Apretó tanto el timbre que lo rompió* la PSAdvConsec forma un SAdv con *tanto*, que sale del PV. En *Amasó tanto pan que no cabía en el horno*, sale del SN, puesto que el cuantificador es un determinante. En *Ella corría tan rápido que nadie la alcanzaba*, sale del SAdv. En *Compró tantos que no pudo comérselos*, sale del SN CD cuyo núcleo es el pronombre *tantos*.

Para saber de qué sintagma sale hay que mirar a qué complementa el cuantificador. Es importante que comprendamos que la proposición comienza con *que* y no con el cuantificador, porque si no al analizar *El bizcocho es tan jugoso que comimos dos trozos* nos quedaremos sin atributo y en *Compré tantos cromos que no me cabían en el bolsillo* nos quedaremos sin CD.

El cuantificador tiene su propia función y la PSAdvConsec intensiva es siempre complemento de ese cuantificador.

78

8.9 PSAdv comparativas

Los nexos más habituales son *más... que* (superioridad), *tan... como, tanto... como* (igualdad) y *menos... que* (inferioridad).

Las comparativas tienen la misma dificultad que las consecutivas: llevan un cuantificador que nos indica de dónde sale la proposición y funcionan como complemento de este cuantificador. Además se les juntan otros dos problemas.

El primero es que las hay de tres tipos y, como las de superioridad e inferioridad llevan *que*, los alumnos piensan que las de igualdad también lo llevan, así que las confunden con las consecutivas. *Tanto... que* expresa consecuencia y *tanto... como* comparación. Si digo *En el local olía tan mal que tuvimos que salir*, no comparo el olor con nada; pero si digo *En el local olía tan mal como en la pescadería*, comparo el olor del local con el de la pescadería.

El otro problema es que muy habitualmente el verbo no aparece, así que me encuentro con un nexo, pero no sé a qué verbo acompaña. Cuando digo *Se han comido más arroz que sus primos mayores* solo hay un verbo. Para analizar la oración tengo que escribir *Se han comido más arroz que sus primos mayores (han comido arroz)*: lo omitido es el predicado verbal. Si encuentro *Es tan alto como tú*, debo analizar *Es tan alto como tú (eres alto)*: se ha omitido el predicado nominal. Si encuentro *Vi a tanta gente en el local como en la calle*, analizo *Vi a tanta gente en el local como (yo vi a gente) en la calle*: se ha omitido el sujeto y una parte del predicado. A veces el verbo no se omite: *Juan nada mejor que corre*.

Hay comparativos irregulares, como *mejor, peor, mayor* y *menor*. Por eso encontrarás adverbiales comparativas en las que no tengas el cuantificador, puesto que en lugar de *más bueno que* encontrarás *mejor que*. Lo mismo ocurrirá con *peor que, mayor que, menor que. Mejor* y *peor* pueden ser adjetivos (cuando sean variables) o adverbios (cuando sean invariables): además de avisarte de que viene una comparativa, tienen la función que les corresponda. En los casos de *anterior a* o *posterior a* considera que se trata de un SAdj que lleva un SP CAdj.

		Allí estaba tan cómodo como (estaba cómodo) en su casa.		
			Cóp SAdj Atrib SP CCL	
		nexo	SPN SO: Él	
	SAdv CAdj	N	PSAdvCompar C cuantif	
SAdv CCL	Cóp		SAdj Atrib	
			SPN	
		O. Compuesta SO: Él		

Vuela mejor que tú (vuelas).
NXO SN Suj — SV-SPV
N /cuant — Prop Sub Adv Comp C del Cuant implíc
NP — S Adv-CC M
SV-SPV SO: Ella
O. Compuesta

8.10 PSAdv con NP en forma no personal

Las formas no personales son tres. El infinitivo puede ser simple o compuesto (*comer, haber comido*). El gerundio puede ser simple o compuesto (*comiendo, habiendo comido*). El participio solo puede ser simple (*llegado, comido, dicho, descubierto*).

Como en las adverbiales el significado del nexo nos aporta mucha información para saber de qué tipo es la proposición, y en las PSAdv con verbo en forma no personal carecemos de nexo, tenemos que transformarlas en oraciones equivalentes con el nexo adecuado para averiguarlo.

El **infinitivo** puede introducir una PSS o una PSAdv, de modo que lo primero que haremos es sustituir por *una persona* o *una cosa*. Si la sustitución no es satisfactoria tenemos una adverbial y deberemos razonar qué tipo de adverbial es.

Si viene precedida por *al*, daremos *al* como nexo. Normalmente estas son de tiempo, aunque pueden ser de otro tipo, como de condición (*Al admitirlo, te habrías obligado a dimitir*) o de causa (*Al ser su hermano, decidió ayudarlo*). Si vienen precedidas por una preposición, será la preposición la que nos indique qué tipo de adverbial tenemos.

Hay que recordar que oraciones como *He venido para darte un beso* o *He venido a darte un beso* pueden ser analizadas como SP= E + PSS-término y como PSAdv. Ambos análisis son buenos, pero te recomiendo que la analices como PSAdv para evitarte complicaciones con correctores muy rígidos. El infinitivo lleva SFVnp siempre y, aunque este sujeto no suele aparecer, a veces lo hace.

> Cuando analizamos una proposición subordinada con verbo en infinitivo e introducida por preposición se nos plantea un problema con esta. Si la proposición es sustantiva, no hay dificultad, porque la entendemos como introductora de un término y analizamos la preposición como enlace. Sin embargo, cuando se trata de una adverbial la cosa cambia, puesto que ya no introduce un término. Por tanto, parece más razonable considerarla nexo, a pesar de su naturaleza preposicional. Del mismo modo, *como, donde* y *cuando*, que analizamos como adverbios relativos, con función propia, en las adjetivas, pasan a ser considerados solo nexo en las adverbiales.

La colocación de los pronombres átonos en español tiene más libertad que en otras lenguas. Podemos escribir *Vino a saludarme desde Córdoba* o *Me vino a saludar desde Córdoba*: en cualquier caso, *me* complementa a *saludar*.

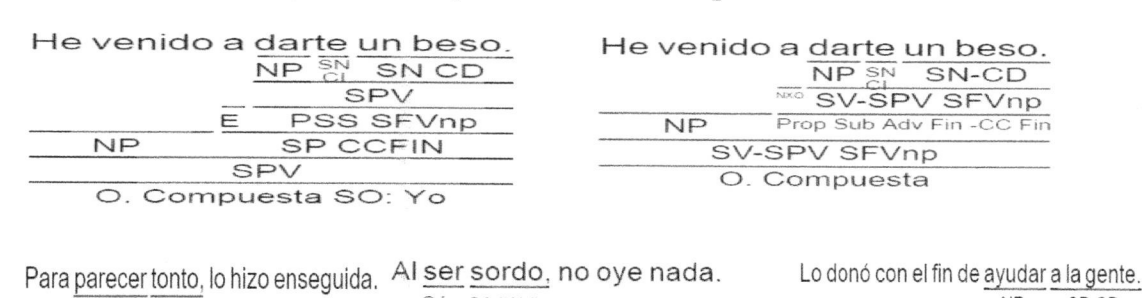

[Diagramas de análisis sintáctico:]

He venido a darte un beso.
NP — SN CI — SN CD
SPV
E — PSS SFVnp
NP — SP CCFIN
SPV
O. Compuesta SO: Yo

He venido a darte un beso.
NP — SN CI — SN-CD
NXO — SV-SPV SFVnp
NP — Prop Sub Adv Fin -CC Fin
SV-SPV SFVnp
O. Compuesta

Para parecer tonto, lo hizo enseguida.
Cóp — SAdjAtrib
nxo — SPN
PSAdvConces SFVnp — SN CD — NP — SAdvCCM/T
SPV
O. Compuesta SO: Él

Al ser sordo, no oye nada.
Cóp — SAdjAtrib
nexo — SPN
PSAdvCausal SFVnp — SAdv CCneg — NP — SN CD
SPV
O. Compuesta SO: Él

Lo donó con el fin de ayudar a la gente.
NP — SP CD
nexo — SPV
SN CD — NP — PSAdvFinal SFVnp
SPV
O. Compuesta SO: Él

Al abrir la ventana se metió un abejorro.
NP — SN CD
nexo — SPV
PSAdvT SFVnp — PRef CD — NP — det — N
SPV — SNS
O. Compuesta

Vino a saludarme desde Córdoba.
NP — SN CD
NXO SV-SPV SFVnp — E — SN-Térm
NP — Prop Sub Adv -CC F — SP-CC L
SV-SPV SO: Ella
O. Compuesta

Me vino a saludar desde Córdoba.
SN CD — NP
SV-SPV — NXO SV SPV SFVnp — E — SN-Térm
NP — Prop Sub Adv Fin CC Fin — SP-CC L
SV-SPV
O. Compuesta

Se levantó a pesar de haberse golpeado con el techo.
NV vm — SP CRég
nexo — SPV
PRef CD — NP — PSAdvConces SFVnp
SPV
O. Compuesta SO: Él

Al firmar eso te comprometes a la renuncia.
NP — SN CD
E — SPV — E — SN
PSAdv SFVnp — NP pron — SP CRég
SPV Nota: PSAdvT/Condic/Causa
O. Compuesta SO: Tú

No hay mayor desprecio que no hacer aprecio.
SAdv CCneg — NP — SN CD
nexo — SPV
SAdj CN — N — PSAdvCompar SFVnp
SAdv CCneg — NP — SN CD
SPV
O. Compuesta impers

Lo contrataron por entregarse a su trabajo.
NP — PRef CD — SP CI
nxo — SPV
SN CD — NP — PSAdvCausal SFVnp
SPV
O. Compuesta SO: Ellos

El **gerundio** solo introduce PSAdv. Lleva SFVnp siempre y, aunque no suele aparecer (*Habiendo entregado el examen se marcharon*), a veces lo hace (*Habiéndose entregado todos los exámenes, se marcharon*). Suelen introducir PSAdvM, pero hay excepciones: *La pescadería está bajando la calle* es de lugar y *Siendo tú entrenador, sabrás de fútbol* es causal. Si la prueba de modo no funciona, ve probando distintos nexos hasta que encuentres uno que cuadre.

Encontré tus calcetines rebuscando entre la ropa.

			NP	SP CCL
	det	N	SPV	
NP	SN CD		PSAdvM SFVnp	
SPV				
O. Compuesta SO: Yo				

Se solucionará buscando un colaborador.

	NP	SN CD
	SPV	
NP pas ref	PSAdvM SFVnp	
SPV		
O. Compuesta SO: Eso		

Aun teniendo razón, les negaron la entrada.

SAdv CConces	NP	SN CD			
SPV			det	N	
PSAdvConces SFVnp	SN CI	NP	SN CD		
SPV					
O. Compuesta SO: Ellos					

Estudiando así, aprobarías.

SPV	
PSAdv SFVnp	NP
SPV Nota: PSAdvM/Cond	
O. Compuesta SO: Tú	

Estudiando así, aprobarás

PSAdv SFVnp	NP
SPV Nota: PSAdvM/Cond/Cau	
O. Compuesta SO: Tú	

Habiendo entregado el examen, se marcharon

NP	SN CD	
SPV		
PSAdvT SFVnp		NP pron
SPV		
O. Compuesta SO: Ellas		

Habiéndose entregado los exámenes, salieron.

NP pas ref	det	N
SPV	SFVnp	
PSAdvT		NP
SPV		
O. Compuesta SO: Ellas		

El **participio** funciona como verbo cuando va en construcción absoluta y significa una acción. En *Los exámenes entregados eran excelentes*, *entregados* no implica una acción de entregar y funciona solo como adjetivo: nos indica de qué exámenes en concreto hablamos. Sin embargo, en *Entregados los exámenes, salimos*, *entregados* no nos dice de qué exámenes en concreto hablamos, sino qué hicimos con ellos: una acción, por tanto.

Cuando funciona como verbo siempre introduce PSAdv. El participio tiene desinencias de género y número y por tanto sí establece concordancia con su sujeto. El sujeto aparece siempre y no realiza la acción, porque el participio pasado tiene valor pasivo. Pueden llevar CAg.

Llegadas las vacaciones, nos despedimos.

SPV	SNS		
PSAdvT	PRec CD	NP	
SPV			
O. Compuesta SO: Nosotros			

Repartidas las medallas por los organizadores, se terminó la competición.

NP	det	N	SP CAg			
SPV	SNS		SPV			
PSAdvT				NV vm	det	N
SPV					SNS	
O. Compuesta						

Algunas gramáticas enseñan a analizar PSAdj sin relativo, cuyo verbo va en participio. En ese caso pueden llevar los complementos propios de un verbo. Te recomiendo que no las consideres PSAdj, sino simples SAdj y analices los elementos de su interior como complementos del adjetivo. Si analizamos *un hombre preocupado* como SAdj, parece razonable que también podamos considerar SAdj *un hombre preocupado por su hijo*. Algunos prefieren analizarlo como PSAdj cuyo verbo es *preocupado* y cuyo CCCausa o CAg es *por su hijo*. Considerarla SAdj facilita el análisis de sintagmas como *muy preocupado por su hijo*, donde, si consideramos que hay una PSAdj, resulta difícil explicar la presencia del modificador.

Las medallas repartidas por los organizadores eran de oro					Brillaban las piedras enterradas en la arena			
		N	SP-C Adj				N	SP-C Adj
Det	N	S Adj-CN		Cóp SP-Atri	NP	Det	N	S Adj-CN
SN-Suj				SV-SPN	SV-SPV		SN-Suj	
O. Simple						O. Simple		

En cuanto a las supuestas PSAdj introducidas por gerundio, son incorrectas (*Un camión transportando ganado se acercaba por la carretera*) o pueden ser analizadas de otra forma (*Ella, sabiéndose perseguida, se escondió*, puede analizarse como PSAdv de modo o de PVO: resulta difícil considerarla PSAdj si tenemos en cuenta la libertad de colocación dentro del enunciado).

En *Reparó cuantas pudo* y *Le dio cuantos consejos pudo*, debes imaginar *Reparó cuantas pudo (reparar)* y *Le dio cuantos consejos pudo (darle)* para comprender mejor la función de *cuantas* y *cuantos consejos*, ambas CD en sus proposiciones.

9 Oraciones con más de dos proposiciones

Los últimos exámenes de entrada a la universidad tienden a preguntar oraciones de no más de tres verbos. En cualquier caso, puedes analizar cualquier oración si sigues el método que te propongo.

Antes de analizar, hay que averiguar qué proposiciones son coordinadas y de quién, y qué proposiciones son subordinadas, de qué tipo y de quién. Para ello debes marcar los verbos y los nexos.

En *Quiero que vengas y te tomes el zumo* la proposición de *tomes* es coordinada, pero coordinada del verbo subordinado, por lo tanto es subordinada de la principal. Sin embargo en *Quiero que vengas y no me haces caso*, la proposición de *haces caso* es coordinada de la principal.

Una prueba sencilla para saber si una proposición coordinada es también subordinada de otra es comprobar si admite delante el mismo nexo subordinante que la primera subordinada. Puedo decir *Quiero que vengas y que te tomes el zumo*, pero no **Quiero que vengas y que no me haces caso*, porque en la segunda oración *No me haces caso* no es subordinada.

Quiero que vengas y te tomes el zumo.						Quiero que vengas y no me haces caso.				
	NP	NP pron	SN CD				nexo	SPV		
	nexo	SPV	SPV			NP	PSS CD SO: Tú	SAdv CCneg	SN CI	NP
		P1 SO: Tú	nexo cop	P2 SO: Tú			SPV			SPV
NP		PSS CD					P1 SO: Yo	nexo cop	P2 SO: Tú	
		SPV								
O. Compuesta SO: Yo						O. Compuesta				

Cuando tenemos una subordinada hay que ver de dónde sale. Puede salir de la principal, pero también puede ser subordinada de una subordinada. En *Me gusta que me digas lo que quieres*, *lo que quieres* es subordinada de *que me digas*, no de *me gusta*. En *Informa de que has llegado a quienes te esperan*, tanto *de que has llegado* como *a quienes te esperan* complementan a *informa*.

```
No creo que exista ningún adolescente que no se sienta un guerrero desnudo.
                                                          det    NP   SAdj CN
                                         SAdv     NP vm        SN PVO
                                         CCneg
                                      SNS                      SPV
                                      nexo
              NP      det       N                          PSAdj CN
           nexo     SPV                                SNS
   SAdv   NP                              PSS CD
   CCneg
                                       SPV
                      O. Compuesta SO: Yo
```

Marcamos los tres verbos: *creo, exista, sienta*. Marcamos los nexos: *que, que*. El verbo principal es *creo*, porque no lleva delante nexo. La primera proposición es PSS porque puedo decir *No creo una cosa*: puesto que *una cosa* es el CD en esta oración, la PSS es CD. La segunda es PSAdj porque puedo sustituir por *un adolescente el cual no se sienta*. La PSAdj sale de su antecedente, *adolescente*. Así que tenemos una principal, una subordinada y una subordinada de la subordinada. El primer *que* introduce la PSS y es una conjunción que hace de nexo, sin más. El segundo es un pronombre relativo. Para analizarlo, tenemos que sustituirlo por su antecedente: *Un adolescente no se siente un guerrero desnudo*. La prueba de concordancia demuestra que es el sujeto.

```
La única razón es que estamos más dispuestos a sacrificarnos en el deporte.
                                                  NP     PRef   SP CCL
                                                         CD
                                            E          PSS SFVnp
                                     SAdv   N           SP CAdj
                                     CAdj
                               Cóp            SAdj Atrib
                         nexo                 SPN
                                         PSS Atrib SO: Nosotros
   Det  SAdj CN   N   Cóp
          SNS                              SPN
                          O. Compuesta
```

Marcamos los verbos: *es, estamos, sacrificar*. Marcamos los nexos: *que* introduce una PSS que complementa a un verbo copulativo como atributo. *Sacrificar* no lleva nexo porque va en infinitivo. Su proposición complementa a *dispuestos*, que es un adjetivo. Por tanto la PSS actúa como CAdj. Tenemos una subordinada dentro de la subordinada. También la podemos analizar como PSAdv final, pero preferimos no sacar una proposición de este tipo de un SAdj. Quienes analizan estos participios como introductores de una PSAdj encontrarán cierta dificultad para analizar *más* y señalarán que el SP del que sale la PSS es CRég.

10 Preparando las oposiciones

Si sigues las normas que hemos estudiado puedes analizar cualquier tipo de oración, por larga o complicada que sea. Aunque hemos dedicado casi todo el libro a la enseñanza en Secundaria, ahora vamos a centrarnos en quienes preparan oposiciones. Propondremos dos ejemplos, extraídos de oposiciones reales. Incluimos unas instrucciones que sirven para enfrentarse a ellas de modo más fácil: no sustituyen al comentario, mucho más complejo, que piden en el examen, pero pueden ayudarte mucho a organizar la información.

*Según la experiencia que **puede tener** un hombre interesado por cuestiones religiosas y su repercusión en la vida social, **resulta** bastante claro que, dentro de las comunidades dominadas por la fe católica, tal como **podían ser** muchos pueblos del norte de España hace cuarenta o más años, **se distinguía** un sector, pequeño, que **tenía** una idea benigna de la religión y un sector, mucho mayor, que en ella **veía**, ante todo, un sistema de represiones.*

En primer lugar marcamos los verbos en negrita y subrayamos los nexos. Determinamos si estos son coordinantes o subordinantes y qué verbo o verbos pueden funcionar como verbo principal. Todos los nexos son subordinantes, salvo *y*, que aparece dos veces para unir dos sintagmas (*cuestiones religiosas y su repercusión*; *un sector, pequeño [...] y un sector, mucho mayor*). *Puede tener* lleva delante *que*. *Resulta* no lleva nexo alguno. *Que* y *tal como* son dos nexos subordinantes seguidos y funcionan con respecto a los verbos como si fueran sendos paréntesis: el primer nexo con el segundo verbo, el segundo nexo con el primero; por tanto *podían ser* y *se distinguía* son subordinados. *Tenía* lleva delante *que*. *Veía* lleva delante *que*. *Hace* no funciona aquí como verbo, sino como preposición: esto requiere un razonamiento adicional, para el que se requiere bibliografía. El único verbo principal, por tanto, es *resulta*. Hacemos las pruebas oportunas a las subordinadas. *Que puede tener* se sustituye por *la cual puede tener*, luego es adjetiva. *Resulta claro que se distinguía* se sustituye por *resulta clara una cosa* y **resulta clara dos cosas* es agramatical, así que tenemos una PSSS. En *tal como podían ser* tenemos una PSAdvM, pero es difícil justificar que una proposición así pueda complementar al nombre *comunidades*: debemos explicar que la construcción responde a una estructura *comunidades (que eran) tal y como podían ser*. *Un sector que tenía* es *un sector el cual tenía*: PSAdj. Estas siempre salen del SN de su antecedente (siempre son, por tanto, CN). *Un sector que en ella veía* es *un sector el cual veía en ella*: PSAdj.

Ya hemos dividido en proposiciones. Ahora vamos a señalar en cada uno de los segmentos resultantes los asuntos más dignos de comentario.

*Según la experiencia que **puede tener** un hombre interesado por cuestiones religiosas y su repercusión en la vida social* es un SP COrac. Dada la dificultad para los alumnos de Secundaria de estos complementos, muchos profesores deciden analizarlos como CC. El opositor debe explicar qué criterios seguiría en clase. Encontramos una PSAdj. Conviene reflexionar acerca de los elementos básicos que explicaríamos en clase: el antecedente, la necesidad de que el alumno comprenda la doble función del relativo (aquí, CD y nexo), su función como CN. *Puede tener* nos da pie a comentar cómo trataríamos las perífrasis. También conviene comentar que en la coordinación de dos SP el hablante ha decidido omitir la preposición del segundo.

Pasamos a **resulta** *bastante claro que, dentro de las comunidades dominadas por la fe católica, tal como* **podían ser** *muchos pueblos del norte de España hace cuarenta o más años,* **se distinguía** *un sector, pequeño, que* **tenía** *una idea benigna de la religión y un sector, mucho mayor, que en ella* **veía***, ante todo, un sistema de represiones.*

Resulta es el núcleo del predicado. Se trata de un verbo semicopulativo. Conviene explicar cómo lo analizamos, y si consideramos *bastante claro* como atributo o como PVO. El sujeto es el resto del fragmento. El verbo de este primer *que*, vinculado como sujeto a *resulta* es *se distinguía*, una pasiva refleja: el opositor debe justificar por qué la considera tal. Este verbo recibe dos grandes complementos.

Por un lado, *dentro de las comunidades dominadas por la fe católica, tal como* **podían ser** *muchos pueblos del norte de España hace cuarenta o más años*, que funciona como SP CCL. El opositor debe razonar si analiza *dominadas por la fe católica* como SAdj o como PSAdj. En este libro se ofrecen razonamientos para sustentar uno y otro análisis. Si decide analizar como SAdj, *por la fe católica* es CAdj. En caso contrario, CAg. *Tal como* introduce una PSAdv comparativa. Es preciso explicar cómo funcionan y detenerse ante ese *tal*, que debe considerarse parte del nexo, puesto que para ser analizado como cuantificador debería concordar en número con *comunidades*. *Podían ser* es un verbo copulativo, que no tiene sentido sin sujeto y atributo, de modo que hay que entender *las comunidades dominadas por la fe católica, tal como podían ser (comunidades dominadas por la fe católica) los pueblos*. Al determinar cuál es el sujeto y cuál es el atributo nos encontramos que *los pueblos eran comunidades > los pueblos lo eran* se acerca más al sentido de la oración que *las comunidades eran pueblos > las comunidades lo eran*, de modo que entendemos que *comunidades* es núcleo del atributo mejor que del sujeto. El opositor debe explicar, a partir de la bibliografía, como analiza *hace*. Aunque algunos autores defienden su carácter verbal, parece más sencillo justificar su uso como preposición.

Por otro, tenemos el SN CD: *un sector, pequeño, que* **tenía** *una idea benigna de la religión y un sector, mucho mayor, que en ella* **veía***, ante todo, un sistema de represiones.* Dentro encontramos dos SN coordinados entre sí. De cada uno sale una PSAdj.

He aquí una representación gráfica del análisis:

Según la experiencia que puede tener un hombre interesado por	cuestiones religiosas	y	su repercusión	en la vida social.
	N SAdj CN		det N	SP CN
	SN 1		SN 2	
	E	SN-Térm		
	N	SP-C Adj		
SN CD nexo NP Det N	S Adj-CN			
SV-SPV	SN-Suj			
Det N	Prop Sub Adj-CN			
E	SN-Térm			
SP-C Orac				

resulta bastante claro que, dentro de las comunidades dominadas por la fe católica,

se distinguía un sector, pequeño, que tenía una idea benigna de la religión y un sector, mucho mayor,

tal como podían ser muchos pueblos del norte de España hace cuarenta o más años,

Las enfermedades alérgicas **han tomado** *tal relieve y extensión que los profanos en medicina ante cualquier síntoma* **sugieren** *o* **tratan** *de* **imponer** *al médico que les* **prescriba** *"pruebas alérgicas" de una manera indiscriminada y sin* **pensar** *que el diagnóstico de las enfermedades alérgicas se* **hace** *preferentemente por una buena historia clínica y por una adecuada exploración del enfermo.*

En negrita los verbos y subrayados los nexos. Reparamos en que hay cuatro nexos coordinantes, *y, o, y, y*. El primero une dos SN. El segundo dos proposiciones (o dos predicados) subordinadas, puesto que las precede un nexo *que*. El tercero dos SPrep: el término del segundo SPrep es una PSS que no necesita nexo porque lleva verbo en infinitivo. El cuarto nexo coordinante une dos SPrep CCM. De los verbos en forma personal, que son los que normalmente pueden funcionar como principales, *han tomado* no lleva nexo delante, pero sí todos los demás. *Han tomado* es el verbo principal. *Tal... que* es un cuantificador más un nexo que introduce una PSAdvConsec. Como la proposición complementa al cuantificador, tiene que salir del SN en el que este se encuentra. Dentro de esta PSAdvConsec encontramos dos PC disyuntivas cuyo nexo es *o*.

En *Tratan de imponer* es preciso detenerse, puesto que es discutible si hay o no perífrasis. Por un lado, es cierto que puedo escribir también *Traté de que se impusiera* y que el DRAE recoge *tratar* como un verbo intransitivo que rige

CRég. *De imponer* sería un SP CRég que contendría una PSS-T. Sin embargo, este análisis supondría una dificultad, puesto que *al médico* y *que les prescriba…* complementan simultáneamente a *sugieren* y a *imponer* (o a *tratan de imponer*). Solo es posible que dos verbos reciban los mismos complementos si están coordinados entre sí, lo cual no puede ocurrir si consideramos que *imponer* es subordinado de *tratan*. A esto podemos plantear dos soluciones: la primera consiste en considerar los dos complementos como omitidos ante *sugieren*; la segunda pasa por considerar que *tratan de imponer* constituye un solo núcleo del predicado. Para justificar esta segunda postura recurrimos al concepto de semiperífrasis, que la NGLE explica en su apartado 28.1.3b. Por la mayor sencillez visual, elegimos esta segunda opción para la representación gráfica.

En *Sugieren o tratan de imponer que les prescriba* es *sugieren o tratan de imponer una cosa*, tenemos una PSS CD, que complementa a los dos verbos coordinados, *sugieren* y *tratan*. Es importante comprobar si un elemento pospuesto a una coordinación complementa solo al segundo miembro o a ambos. En el ejemplo que tenemos complementa a ambos, pero podría complementar solo al segundo: *Entré y vi al ladrón*. *Pensar que el diagnóstico se hace* es *pensar una cosa*, luego tenemos una PSS CD.

El opositor debe razonar el análisis de las PSAdv consecutivas intensivas, la explicación de las perífrasis y las semiperífrasis en clase (*tratan de imponer*) y sus repercusiones en el análisis sintáctico, la coordinación de un SP cuyo término es un SN con otro cuyo término es una PSS, el análisis de los verbos en forma no personal, los usos de los pronombres personales átonos (*se hace* es una pasiva refleja) y la distinción en clase de los CC de causa y los CAg (*por una buena historia…*).

Las enfermedades alérgicas han tomado tal relieve y extensión que los profanos en medicina ante cualquier síntoma sugieren o tratan de imponer al médico que les prescriba "pruebas alérgicas" de una manera indiscriminada y sin pensar que el diagnóstico de las enfermedades alérgicas se hace

```
                                                                    NV pas ref
                          nexo                    SNS
                    NV                           PSS CD
                                SPV
                         E                    PSS-TÉRM      SFVnp
        SP 1                                     SP 2
                                                              SP-CC M
                                                    SV-SPV
                                         Prop Sub Sust-CD SO: El médico
                      SV-SPV
            Prop Sub Adv Consec -C del Cuant
                 SN-CD
        SV-SPV
                      ORACIÓN      COMPUESTA
```

preferentemente por una buena historia clínica y por una adecuada exploración del enfermo.

```
              SP 1                 nexo              SP 2
    SAdv CCM                                SP CCM
                            SPV
          PSS CD
        SPV
    PSS-Térm SFVnp
       SP 2
                       SP CCM
                      SV- SPV
                      PSS CD
                      SV-SPV
                   PSADV CONSEC   D DEL CUANT
                       SN CD
                      SV-SPV
                    ORACIÓN    COMPUESTA
```

11 Ejercicios. Soluciones. Algo de morfología

1- Identifica la categoría de las siguientes palabras.

a- Los problemas que tiene la asistencia médica hoy son similares en los distintos países europeos, así que requieren similares respuestas.

b- Algunos estaban menos preocupados, aunque tampoco sabían qué traje llevar a la fiesta.

c- Lo mejor es trabajar duro, permanecer atento y avanzar deprisa.

d- Eh, Carlos, no olvides explicárselo mientras le hablas del nuevo producto.

e- Bastante complicado parecía encontrar bastantes cuando no teníamos bastante tiempo.

f- Aparecieron tantos que no había tantas tiendas como para alojar a un grupo tan numeroso.

g- Había, a pesar de su juventud, superado todas las pruebas finales aquellas.

h- ¿Qué persona no sabría qué hacer, cuando todos vemos qué fácil resultaba resolverlo?

i- Ese último problema suyo no llegó a mi conocimiento ni al tuyo.

j- Estaba aquel día pensándoselo aún, es decir, que no sabía cómo decírselo.

2- Distingue los indefinidos y escribe su categoría.

a- Demasiado difícil me resultó encontrar suficientes ejemplos para convencer a todos.
b- Algunos días estoy demasiado preocupado como para rendir lo suficiente.
c- Nada resulta nada fácil si nadie se molesta en explicarlo bastante bien.
d- Estoy más satisfecho ahora que tengo menos trabajo y descanso más.
e- Les pedí más productos y ellos me enviaron menos durante bastante tiempo.

3- Distingue los interrogativos/exclamativos y escribe su categoría.
a- No sé qué estrategia siguen ni qué pretenden diciendo cuánto nos quieren.
b- Dime quiénes entraron, qué preguntas te hicieron y por qué no respondiste.
c- Qué difícil resulta averiguar qué necesitan cuando no te dicen cuál se ha averiado.
d- Ignoramos cuál es el camino, cómo encontrarlo y qué situaciones afrontaremos.
e- Sabemos cuán cansado te encuentras, cuántos esfuerzos has hecho y cómo has luchado durante todo este tiempo.

4- Localiza las locuciones y di de qué tipo son.
a- Es una persona de palabra, de modo que cumplirá.
b- Poco a poco se puso junto a sus amigos y se quedó como si nada.
c- Tenía la herida en carne viva y de vez en cuando se le inflamaba.
d- A pesar de que llovía se celebró la manifestación en contra del acoso.
e- ¡Madre mía!, ¡es una mujer de armas tomar!
f- Gracias a su constancia se dio a conocer.
g- ¡Qué más quisieras! Ni de coña te lo presto.
h- Había mogollón de pibas y un porrón de peña.
i- En tiempo de vacas flacas todos buscan un chivo expiatorio.
j- Por culpa de la tormenta tuvimos que dar un rodeo alrededor de la arboleda.

5- Distingue qué expresión es perífrasis y di por qué.
a- Lleva estudiando dos horas / Lleva colgando un hilo.
b- Vino a poner orden y después se volvió / Viene a tardar dos horas.
c- En la cárcel está por delinquir / Está por salir de paseo.
d- El parque está rodeando la fábrica / Julián estaba rodeando la fábrica con la bici.
e- Fueron reservadas las mejores plazas / Estaban reservadas las mejores plazas.
f- Pepe va a trabajar en moto / Pepe iba a trabajar en su casa.
g- Lleva puestas ya tres multas / Lleva puestas las sandalias.
h- El bombero se acercó a apagar el fuego a pie / El bombero llegó a apagar el fuego tras muchos intentos.
i- Empezó citando a los clásicos / Empezó a citar a los clásicos.

6- Identifica las perífrasis y di de qué tipo son.
a- Se fue haciendo cada vez más solitario y ya no le agradaba salir.
b- Prometió devolverlo a tiempo pero no debió de acordarse.
c- Se lio a charlar y no volvió a acordarse del asunto.
d- Andan valorando tu ascenso, pero siguen dudando.
e- Estaban, aquellos días, organizando el festejo y no alcanzaron a prever la tempestad.
f- Tiene que comprender que es tiempo para dejar de fumar.
g- Aunque solía conformarse con cualquier cosa aquel día se echó a llorar.
h- Acostumbra a afrontar sus problemas sola y prefiere depender de sí misma.

7- Razona la idea aspectual que ofrece el verbo y la idea aspectual que ofrece la oración.
a- Ya no estoy estudiando francés.
b- Todavía no he acabado el informe.
c- No ha dejado de fumar.
d- No va a disculparse nunca.

8- Razona si hay perífrasis en *Me quedan por hacer seis oraciones*.

9- Indica la categoría de las siguientes palabras:
a- Ciertas personas no presentaron pruebas ciertas.
b- Algunas personas no llevaban prenda alguna.

12 Ejercicios. Soluciones. Sintagmas

1- Indica a qué núcleo complementa cada SP según el siguiente ejemplo:
El intento de prohibición de las actividades por la igualdad de género por parte del Gobierno del país durante la festividad de Año Nuevo a pesar del interés en ella de las organizaciones convocantes.
Respuesta. *De prohibición de las actividades por la igualdad de género por parte del Gobierno del país durante la festividad de Año Nuevo a pesar del interés en ella de las organizaciones convocantes* complementa a *intento*; *de las actividades por la igualdad de género* complementa a *prohibición*; *por la igualdad de género* complementa a *actividades*; *de género* complementa a *igualdad*; *por parte del Gobierno del país* complementa a *prohibición*; *del país* complementa a *Gobierno*; *durante la festividad de Año Nuevo* complementa a *prohibición*; *de Año Nuevo* complementa a *festividad*; *a pesar del interés en ella de las organizaciones convocantes* complementa a *prohibición*; *en ella* complementa a *interés*; *de las organizaciones convocantes* complementa a *interés*.
a- La vinculación de la célula terrorista de París con el crimen organizado del sur de Italia.
b- El deseo de paz en el mundo de todos los presentes en la cena de celebración del aniversario de la constitución del país.

c- Los esfuerzos de los voluntarios de la región por un diálogo continuado con los responsables de los recursos humanitarios.
d- La celebración de las competiciones de invierno por parte de los integrantes de los clubes de esquí de Murcia durante el periodo de vacaciones de Navidad.
e- El cambio del escudo del club de fútbol motivado por el propósito de ofrecer una imagen renovada de la entidad ante la afición.
f- La falta de propuestas en materia de sanidad de los nuevos consejeros de la empresa a pesar de la importancia de la prevención de riesgos laborales.

2- Analiza los siguientes sintagmas.
a- Bastante afectados por la falta de agua de riego.
b- Las carencias de espíritu de sacrificio en los nuevos atletas.
c- Suficientes en la panda de amigos para una fiesta sorpresa.
d- Tan mal de recursos en la empresa.
e- El conocido Raúl González, ex capitán del Real Madrid, el jugador más listo en un terreno de juego.
f- Las abrumadoras evidencias de la autoría del crimen en el caso del secuestro del empresario holandés.
g- La vigilancia de los puertos de mar antes de la llegada de la tormenta tropical a la bahía.

3- Razona la categoría y la función de *más* en *lo más importante*.

13 Ejercicios. Sujeto, predicado y elementos oracionales

1- Busca el sujeto en las siguientes oraciones.
a- No me asusta ninguna película de terror.
b- Nada parece seguro.
c- No hubo ninguna duda aquel viernes.
d- Se interrogó a los sospechosos.
e- No se aceptarán devoluciones de artículos sin embalaje original.
f- No se tienen muchos escrúpulos en esa organización.
g- No entró nadie hasta las 7.
h- Llegaron muy interesados los turistas.

2- Analiza sintácticamente.
- Se lo entregaron custodiado por dos agentes de paisano.
- Dejó muy tristes a los enamorados de la música la noticia de su muerte.
- Los encontraron escondidos bajo el capó del coche.
- Las vacaciones las pasaremos en la capital en caso de inundaciones.
- Les pedimos a los psicólogos ayuda con los casos más difíciles.
- Mandamos los más jóvenes una carta de protesta a la organización.
- No conocía nadie el lugar de escondite del tesoro.

- Las maniobras de reanimación salvaron de una muerte segura al accidentado.
- Se lo notificaron con la debida antelación.
- Nombramos delegado a Pedro por dos votos de diferencia.
- Regresó convencido de su capacidad para el cargo tras las vacaciones.
- Dejó su puesto en la agencia por incompatibilidad con su jefe.
- Fue descubierta por casualidad la cura contra esa enfermedad.
- Nos emocionó su actuación en la obra de teatro.
- Se lo concedieron ya preparado para su uso a los solicitantes mejor cualificados.
- Había demasiadas dificultades para la extradición.
- Les preocupaba la calidad del producto.
- Conducían la moto protegidos con cascos de kevlar.
- ¿Os ha hablado de su contribución al refugio de animales?
- De pequeño soñaba con una fiesta sorpresa.
- Nos entregó la invitación enfadada con nosotros.
- Se pusieron los niños los pantalones sucios de tanto revolcón en la hierba.

3- Razona si el verbo es predicativo o copulativo.
a- Estaban de los nervios.
b- Es de los que siempre cumplen.
c- Eran de la rama de los Fernández de Soria.
d- Parecían de Centroamérica.
e- Estuvimos varios días con el equipo de baloncesto.
f- Los conciertos son en la sala grande.
g- La carrera será en julio.
h- Parecían sacados de una película de miedo.
i- Se parece tanto a su madre.
j- Estaban en lo más profundo de la cueva.
k- Estaban en lo más profundo de una depresión nerviosa.
l- Los más famosos están en Castellón.

4- Analiza sintácticamente.
- Nos fue concedida la beca tras varios intentos.
- Las becas ya están concedidas desde febrero.
- Nos hubiera sido más rentable una inversión en industria.
- Están en tercer curso de Química los del piso de abajo.
- No me pareció tan complicado durante la exposición.
- Estuvimos una semana agobiados por el papeleo.
- No están acostumbrados al frío de Soria.
- Fueron acostumbrados desde pequeños a una disciplina estricta.

5- Señala los complementos oracionales. Especifica si es vocativo.
a- Venga, tío, no te lo tomes así.
b- Al final, ni lo llamamos ni nos llamó.

c- Vístete deprisa, Juan, por lo que más quieras.
d- Desgraciadamente, no se resolverá así.
e- Para mí, esa no es la solución.
f- En realidad, nadie lo sabe, amigos míos.

6- Razona la función de *de todo* en *Allí sucedió de todo* y en *Alejandro come de todo*.

14 Ejercicios. Pronombres personales átonos

1- Aplica las pruebas de reflexividad para decir si los pronombres subrayados son reflexivos. Señala qué función tienen, o si van con el NP.
a- Se le ha estropeado el cierre al coche.
b- Se fatigan con demasiada facilidad.
c- Se inclinaron sobre la piedra.
d- Se tiró a la piscina de cabeza.
e- Me afeité la barba.
f- Se afeitan con maquinillas desechables.
g- Se ha apuntado a un curso de inglés.
h- Se muestra muy seguro de su éxito.
i- Se puso moreno.
j- Se quejaban de todo.
k- Te echaste sobre la cama.
l- Se alarmó al ver la sangre.
m- Se dirigieron al punto de encuentro.
n- El gimnasta se lesionó por mala suerte.
ñ- Cómete todo el plato.
o- Permítase un capricho.

2- Di qué tipo de pronombre personal átono tenemos. Si puede ser de varios tipos, razona cada uno.
a- Se jactaba de ser rico.
b- Se burlaba de sus hermanos.
c- Se encontró con su tío en la calle.
d- Se encontró dos monedas antiguas bajo las maderas.
e- No te pareces a tu padre.
f- Me niego a aceptarlo.
g- Se quedó sin trabajo.
h- Siempre se queda un buen rato tomando café.
i- Se sacó la muela del juicio.
j- Me cené la pizza entera.
k- No me digas eso.
l- Se apoyó en el muro.

m- Se me ha roto el móvil.
n- El estadio se abrirá una hora antes del partido.
ñ- Cuando se es tan perezoso las cosas no salen bien.
o- El dobladillo se cose con la máquina.
p- Se ha vuelto muy desconfiado.
q- No te empeñes en llevar razón.
r- Se lo devolvieron en buen estado.
s- Nada se arregla con violencia.
t- Esas setas no se encuentran con facilidad.
u- Se mató en el accidente.
v- Se mató llevado por la desesperación.
w- Se suicidó el 2 de septiembre de 1916.
x- No se me ocurre uno mejor.

3- Analiza sintácticamente.
a- Se ha informado de un terremoto.
b- Se han informado bien antes del juicio.
c- No me refiero a ese artículo.
d- Los trapos sucios se lavan en casa.
e- Se arreglarán todas las tuberías a cargo de la comunidad.
g- El coche se chocó en la última curva.
h- No se te ha educado para eso.
i- Se protegía los brazos con crema solar.
j- Se apoyó contra la pared tras el mareo.
k- Se cortó el pelo en la peluquería del barrio.
l- Siempre se pasan el balón entre ellos.
m- Esa chaqueta se lava en frío.
n- Se encharcaron todas las aceras.
ñ- Se pintarán las farolas.
o- No te me pongas farruco.
p- Se registró a los sospechosos.
q- Se registraron los dormitorios uno por uno.
r- Se desplazó a Córdoba el domingo.
s- Dámelas arregladas.
t- Así no se puede hablar.

4- Inventa un contexto en el que...
a- El *se* de *Se presentaron* sea PRef CD.
b- El *se* de *Se presentaron* sea PRecip CD.
c- El *se* de *Se presentaron* sea pas ref.
d- El *se* de *Se presentaron* sea pronominal.
e- El *se* de *Se espera* sea pas ref.
f- El *se* de *Se espera* sea impersonal.
g- El *se* de *Se esperan* sea PRecip CD.

h- El *se* de *Se espera* sea dativo ético.
i- El *se* de *Se preparó* sea pasiva refleja.
j- El *se* de *Se preparó* sea PRef CD.
k- El *se* de *Se preparó* sea PRef CI.
l- - El *se* de *Se preparó* sea impersonal.

5- Razona la diferencia de función entre el *se* de *Se propuso estudiar más* y *Se propuso para el cargo*.

15 Ejercicios. Yuxtapuestas y coordinadas

1- Escribe una oración formada por dos proposiciones coordinadas: copulativas, adversativas, disyuntivas, explicativas y distributivas. Expresa cada una de ellas con tantos nexos distintos como seas capaz.

2- Analiza.
a- Se apartó del camino, pero no perdió de vista a los otros peregrinos.
b- O se nos devuelve el dinero o se nos compensa con otro objeto.
c- No solo se preocupaba por sus pacientes, sino que además se sabía de memoria los historiales.
d- Ni se decide ni renuncia a la plaza.
e- No me lo repitas, ya lo he oído.
f- Tan pronto lo toman por tonto como lo eligen su representante.
g- Díselo claramente: lo contrario sería una imprudencia.
h- Ha aprobado el examen con una nota pésima, o mejor dicho, se lo han regalado.
i- La cópula une sujeto y atributo, es decir, un verbo no puede ser copulativo e impersonal a la vez.
k- No me espero ni un minuto más: ya se ha hecho tarde.

3- Observa la relación entre los sintagmas unidos por una conjunción coordinante y analiza.
a- Se trata de un subterfugio, es decir, de una vulgar excusa.
b- No vinieron cuatro, sino cinco.
c- Lo venden, o montado o con el embalaje.
d- Saben de fútbol y de baloncesto.
e- ¿Te quedas en el hotel o en la casa?
f- Trabaja rápido y con eficiencia.
g- Es sumergible, antichoque y de buena calidad.
h- Es hermoso, no práctico.
i- Ven ni trajeado ni en pijama.
j- No se admiten cambios ni devoluciones.
k- ¿Se lo has dicho a Manuel o a Carlos?

l- Me vale impreso o en un archivo informático, pero no escrito a mano.

4- Compara las oraciones *Como tanta carne como pescado* y *Como tanto carne como pescado*. Explica el sentido de cada una. Justifica por qué en una de ellas tenemos un nexo copulativo discontinuo.

5- Explica por qué en *Aunque llovió, fuimos de excursión* expresamos un matiz concesivo y en *Llovió, pero fuimos de excursión* expresamos una idea adversativa.

16 Ejercicios. Proposiciones subordinadas adjetivas

1- Aplica la prueba correspondiente, indica si hay o no PSAdj y, si la hay, subráyala. Señala el antecedente.
a- Encontraron una tumba donde nacía el río.
b- Nos enseñaron la tumba donde descubrieron la momia.
c- Son muchas las decisiones de las que se arrepiente.
d- Son las decisiones de los que mandaban.
e- La decisión de que nos quedáramos fue correcta.
f- La decisión de la que presumes tanto no resultó beneficiosa.
g- Me contó esa película, que da mucho miedo.
h- Cuéntame ya esa película, que nos vamos.
i- Me gusta la idea de la que me hablaste.
j- Me gusta la idea de que trabajemos juntos.

2- Si la proposición es adjetiva, localiza el antecedente. Sustituye el relativo por su antecedente cuando sea posible. Di la categoría y función del relativo:
a- Es la canción de la que me cansé.
b- Vi la película de cuya crítica me hablaste.
c- Son los amigos de quienes me siento más orgulloso.
d- Hablaré con el equipo del que es entrenadora.
e- Me enseñó el cuadro del que se muestra más satisfecho.
f- Me presentó a la vecina con la que mantiene una relación.
g- Es el camino por donde lo encontré.
h- Enséñame las películas que se presentan a los Oscar.
i- Conozco al escritor sobre cuyas novelas hablaba el documental.
j- Las elecciones a las que se presentó no resultaron limpias.

3- Analiza sintácticamente.
1- Es el argumento del que se mostraba más convencido.
2- Todo cuanto me contó se reveló después falso.
3- Se invitó al banquete al cónsul con quien se había pactado el acuerdo.
4- No tenía nada que comer.

5- Aquel verano, cuando nos presentaron, éramos jóvenes e ingenuos.
6- Es el equipo del que Pedro es seguidor.
7- Publicaron un artículo sobre cuya originalidad tuvimos que investigar.
8- Tengo asuntos que arreglar.
9- Se habían escondido en el pajar que luego se derrumbó.
10- El trabajo al que se optaba estaba muy bien pagado.
11- Su sobrino, que se licenció en Sevilla, fue seleccionado para la audición.
12- No figuran en el mapa los montes por donde bajan los ríos.
13- Animaban a los chicos de quienes Pedro es profesor.
14- La manera como me lo contó no me pareció adecuada.

4- Elabora una PSAdj…
a- Que salga del SNS.
b- Que salga del SN CD.
c- Que salga del SP CRég.
d- Que salga del SN Atrib.
e- Que salga de un SP CC.
f- Que salga de un SP CAg.

5- Elabora una PSAdj en la que el relativo…
a- Funcione como SNS.
b- Funcione como término de un SP CRég.
c- Funcione como término de un SP CD.
d- Funcione como término de un SP CI.
e- Funcione como SN CD.
g- Funcione como término de un SP CAdj.
h- Funcione como término de un SP CN.
i- Funcione como término de un SP CAdv.
j- Funcione como término de un SP CAg.
k- Funcione como término de un SP Atrib.

6- Inventa una PSAdj cuyo relativo sea *lo que*. Si lo consigues, razona por qué te ha resultado tan difícil de encontrar.

17 Ejercicios. Proposiciones subordinadas sustantivas

1- Haz la prueba para demostrar si estas proposiciones funcionan como sustantivas (PSS o PSAdjSust). Marca la conjunción, si la hay.
a- No se ha averiguado aún si lo prepararon ellos.
b- No lo averiguarás si no lo preparas.
c- No imagino hasta dónde podrán llegar.
d- Llegaron a facturar dos millones de euros.
e- Se negó a hacer de payaso.

f- Me asusta lo que me has contado.
g- Investigaban a qué se debían aquellos preocupantes datos.
h- Aléjate de quienes se metan en líos.
i- Tiene tantas responsabilidades que no puede encargarse de todo.
j- Tiene que hacerse cargo él.
k- Planeó tantos viajes que conocía de memoria todo el país.
l- Planeó cómo salir indemne del enfrentamiento.

2- Localiza los interrogativos. Señala su categoría, su función en la proposición y la función que realiza la proposición que introduce.
a- Averigua a quién pertenecía la moto.
b- Investiga a qué persona se refería.
c- Es muy cuestionable cuándo se debe parar el proceso.
d- Ignoraban de qué fecha se hablaba en los informes.
e- Nadie se imaginaba desde dónde habían llegado.
f- La cuestión es cómo me lo escondieron.
g- Se informaron de dónde poner la reclamación.
h- ¿Cómo te llamas?
i- Sé a qué riesgos te expones.
j- Por qué lo hizo se convirtió en la cuestión más importante.

3- Localiza los relativos. Señala su categoría, su función en la proposición, si introducen una PSAdj o una PSAdjSust y la función que realiza la proposición que introduce.
a- Pruébate las que te parezcan más vistosas.
b- Pruébate las gafas que te parezcan más vistosas.
c- Se obsesionó con quienes vivían en el 5º.
d- Presumía de su amistad con los vecinos con quienes tú discutiste.
e- Fueron felicitados por quienes presidían el jurado.
f- Son asuntos de los que no me preocupo.
g- No son quienes podrían ayudarte.
h- Quien no llora no mama.
i- Se colocó delante de quienes tenían miedo.
j- A quienes salieron pronto no les ocurrió nada.

4- Explica la diferencia de significado y de análisis entre las proposiciones: *Investigan a quién sustrajo el coche*; *Investigan a quien sustrajo el coche*.

5- Subraya las subordinadas y di si son sustantivas. En caso afirmativo escribe su función.
a- Nos ayudó mucho descubrir el emplazamiento.
b- Se animó a buscar trabajo.
c- Controlar la alimentación salvó su vida.
d- Se conformó con quedarse con el negocio pequeño.

e- Es muy difícil de aclarar.
f- Se despertaron al abrirse la puerta.
g- Atrévete a arriesgarte.
h- Es el principal responsable de haber terminado con el secuestro.
i- Después de cenar, se lo contamos todo.
j- No sabía peinarse solo.

6- Analiza sintácticamente.
1- Te arriesgas a que te cojan.
2- Es un ejercicio consistente en golpear el balón con el empeine.
3- Empaquetó cuantas le pidieron.
4- Su denuncia de que las condiciones no eran justas nos impresionó.
5- Francamente, Alberto, ignoro si me readmitirán.
6- A quienes les salgan granos les darán pomada.
7- No sé por dónde tirar.
8- Entregar el proyecto a tiempo fue la salvación de la empresa.
9- ¿Me explicas a qué te refieres, por favor?
10- ¿Eres consciente de lo que has hecho?
11- Me emociona cuánto has luchado.
12- No me inquieta lo que se publique en los periódicos.
13- De tus amigos no ha dicho nadie nada.
14- Explícale por qué se sale el agua de la cisterna.
15- No se ha enterado aún de lo que tiene que pintar.
16- Se especificaba con quién consultar en caso de duda.
17- Lo que no puede ser es imposible.
18- No sé hasta cuándo seguirán informándonos de las ofertas.

7- Busca una PSS o PSAdjSust que haga de…
a- Sujeto.
b- CD.
c- Término de un SP CAdj.
d- Término de un SP CI.
e- Término de un SP CN.
f- Término de un SP CAdv.
g- Término de un SP CAg.
h- Término de un SP CD.
i- Atrib.
j- Término de un SP CC.
k- Término de un SP CRég.

18 Ejercicios. Proposiciones subordinadas adverbiales

1- Subraya las subordinadas. Indica de qué tipo son y su función.
a- Espérame donde siempre quedamos.

b- Espérame en el bar donde quedamos siempre.
c- No sé dónde hemos quedado.
d- Aunque siempre pagara él lo seguirían llamando tacaño.
e- Lo seguían llamando tacaño, pero siempre pagaba él.
f- Acelera, que llegamos tarde.
g- Es como cuando nadie habla en clase.
h- Hizo tanto ejercicio que se quedó dormido en clase.
i- Hacer tanto ejercicio no puede ser bueno.
j- Se puso a ayudar de inmediato.
k- Se atrevió a ayudar de inmediato.
l- Regresó a ayudar de inmediato.
m- Como me toque la lotería me compro ese abrigo.
n- Como me tocó la lotería me compré ese abrigo.
ñ- Es tan difícil como batir un récord.
o- Corriendo así, acabarás siendo olímpico.
p- Llegó corriendo.
q- Para ser coreano, toca flamenco como Camarón.
r- Formuladas las preguntas, comenzaron a responderlas por orden.

2- En la oración *Es tan difícil como que te toque la lotería*, ¿tenemos una PSS o una PSAdv? Razónalo.

3- Haz lo siguiente, intentando que las oraciones resultantes se parezcan lo más posible.
a- Escribe cinco proposiciones que lleven el nexo *como* o *cómo* y sean de distinto tipo.
b- Escribe cinco proposiciones introducidas por *que*, que sean de distinto tipo.
c- Escribe tres proposiciones con *donde* o *dónde* de distinto tipo.
d- Escribe dos proposiciones con *si* de distinto tipo.

4- Analiza sintácticamente. No todas tienen que ser adverbiales.
- Lázaro se marchó de la sala creyéndose en posesión de la verdad.
- Aun poniéndome en lo peor, no me asusta esa caminata.
- Como se acordaba de todas las calles, se podía pasar sin GPS.
- Me he acostumbrado a quedarme con los perros del vecino.
- Jacinto, anticipándose a los acontecimientos, sacó su dinero del banco.
- Vino desde muy lejos a llevarse la máquina rota.
- Aunque no se lo manifestaran en la reunión, se sentían decepcionados por su gestión.
- Se consideran más seguros cuando están encerrados en su jaula.
- Apenas se dio cuenta de la amenaza se puso a llamar a la policía.
- Aunque se explicaran las cuentas a los inquilinos no se mostrarían satisfechos con ellas.
- Tras levantarse la niebla nos apartamos del camino.

- Presume de coche más que de buena persona.
- Dejamos la ropa secándose al sol.
- A menos que lo definas mejor, parece difícil el concepto.
- Una vez acatada la Constitución, el presidente se dirigió a los periodistas.
- Al entrar sin billete al autobús ya conocías los riesgos.
- Tanto me dio la lata que al final se lo permití.
- Se averió el motor, de modo que nos paramos en el arcén.
- Parece más esbelto que el de delante.
- Todo sucedió tal y como te dije.
- Te lo digo por si no se te había ocurrido.
- Me resultó tan sencillo como a ti.
- No por insistir más te van a tener en cuenta.
- Tanto calor tenía que se quitó hasta los pantalones.
- No se administra tan bien como su hermana.
- Estando yo en Sevilla se produjeron los arrestos.

5- ¿Cómo analizarías la oración *Los chicos como tú no suelen mostrarse tan decididos*? Razona la respuesta.

6- Razona cómo podría analizarse *Toca como Camarón*.

7- Razona por qué en *Aunque me dolía salí a la calle* hay una idea concesiva y en *Me dolía pero salí a la calle* hay una idea adversativa.

8- ¿Qué tipo de proposición subordinada tenemos en *Te daré una linterna por si se va la luz*? Razona tu respuesta.

9- En *Lo guardé para que no se perdiera*, ¿encontramos una PSS o una PSAdv? Razona tu respuesta.

10- ¿Qué diferencia hay en las construcciones *Trabaja como camarero* y *Trabaja como un esclavo*?

11- ¿Qué escritura es correcta, *Ya verás como viene vestida* o *Ya verás cómo viene vestida*? ¿Qué oración tenemos en cada caso?

19 Ejercicios. Oraciones con más de dos proposiciones.

Todas estas oraciones han sido extraídas de exámenes reales o de modelos oficiales de Selectividad. Analiza sintácticamente:
1- Especialmente efectivos para estimular la criminalidad son los mensajes que refuerzan los estereotipos negativos.

2- El estruendo del arma lo despertaba, pero siempre era un sueño y en otro sueño el ataque se repetía y en otro sueño tenía que volver a matarlos.
3- En medio de este Olimpo cosmético y envasado me afeito contemplando mi rostro en un espejo muy amigo que se porta bien conmigo.
4- Cuando tras dar mil vueltas a mis preocupaciones, me acuerdo de un amigo, voy a verle.
5- Un segundo grupo de palabras que por su origen se escriben con b es el de aquellas que en latín tenían p intervocálica.
6- Y al oír sus gritos, los que entretenían la espera a alguna distancia echaron a correr desalados hacia los postes más próximos.
7- En el acuerdo se asegura también que se mantendrán determinados servicios gratuitos, aunque serán de carácter promocional.
8- Había estado en la muerte, en efecto, pero había regresado porque no pudo soportar la soledad.
9- Puede afirmarse que una de las aportaciones fundamentales de la lingüística actual es haber puesto de manifiesto que no existen lenguas primitivas.
10- Ahora se enterará de que las telas no solo sirven para hacer flores, sino para empapar lágrimas.
11- Esa sociología del exilio debería considerar los problemas que la diáspora ha generado y genera en el ámbito familiar.
12- Al quejarse don Pedro del cuidado que le proporcionaba el manejo de la casa, sus hijos le dijeron que lo dejara en manos de Margarita.
13- La falta del nombre único ha hecho más difícil la comprensión del hecho y ha aumentado la dificultad de entenderlo cabalmente.
14- Vuelvo a la vida con la muerte al hombro, abominando cuanto he escrito.
15- Ayer mismo éramos tú y yo dos críos que veníamos a fumar aquí, a escondidas, los primeros pitillos.
16- Una idea entera se cambia porque una palabra se trasladó de sitio, o porque otra se sentó como una reinita adentro de una frase que no la esperaba.
17- Es evidente que la capacidad económica proporciona unos medios para la actividad deportiva pero no ofrece garantías totales de éxito.
18- Un simio es totalmente incapaz de construir instrumentos valiéndose de otros instrumentos, es incapaz de acceder a una actividad instrumental.
19- Porque en noches como esta la tuve entre mis brazos, mi alma no se contenta con haberla perdido.
20- El lenguaje no es una función natural y biológica del hombre sino una creación cultural que heredamos y aprendemos los hombres.
21- Puede parecer imposible que en cada esquina de la actualidad se encuentre un centinela videoaficionado, pero es así.
22- Se inclina para besarla y da un golpe con el pie a la lechera, que se derrama estrepitosamente.
23- Los que cocinamos los medios sabemos que estos personajes son monstruos atípicos, pero los telespectadores creen en ellos cada vez más.

24- Había aprendido a no hacerse preguntas, a aceptar que la derrota se cuela en lo hondo.
25- No olvidemos la concepción homogeneizante que se intentó establecer en la construcción del Estado-nación en América Latina.
26- El padre de Ena, que había venido a Barcelona por unos días, a la mañana siguiente me vendría a recoger para que le acompañara en su viaje.
27- Los hábitos o necesidades de los individuos no determinan en qué dirección se producirán las mutaciones.
28- Si usted lo ignora, señor don Diego, no finja que lo sabe.
29- Cuando me veía leer *El Quijote* me preguntaba si entendía lo que estaba leyendo.
30- Lepprince era listo y hábil: pronto se granjeó la confianza de Savolta, cuya salud se deterioraba a pasos agigantados.
31- Los periódicos nada dicen de los millones de hombres que en todos los países del globo van a sus campos a proseguir la labor cotidiana.
32- Un día se le ocurrió a la madre que los retratara yo a los tres, para mandar el retrato a sus parientes de Inglaterra.
33- Acuérdate de lo que decía la pobre mamá, que en paz descanse.
34- Le rogué un día que no siguiera porque ya mi propósito de quedarme en el país estaba hecho.
35- Es un espectáculo fascinante que se convierte en problema si me libro de su hechizo.

20 Ejercicios. Preparando las oposiciones

Marca los verbos, y los nexos. Después analiza y justifica tu análisis:

1- *Así que todas las mañanas salían de casa a buena hora, y apenas se instalaban en el quiosco el tío abría la enciclopedia y, ayudándose con un dedo, comenzaba a desgranar las palabras en sílabas claras y doctrinales, y nunca pasaban a otro artículo hasta que Gregorio había memorizado bien el anterior.*

2- *Total, que me la quitaron y quisieron sujetarme; pero yo, braceando como una leona, me zafé, tiré el cuchillo y salí tranquila a la calle, y de una carrerita, antes que pudieran seguirme, fui a parar a la calle del Peñón.*

21 Soluciones. Algo de morfología

1- a- Los, det; problemas, n; que, pron; tiene, v; la, det; asistencia, n; médica, adj; hoy, adv; son, v; similares, adj; en, prep; los, det; distintos, det indef; países, n; europeos, adj; así que, loc conj; requieren, v; similares, adj; respuestas, n.
b- Algunos, pron; estaban, v; menos, adv; preocupados, adj; aunque, conj; tampoco, adv; sabían, v; qué, det; traje, n; llevar, v; a, prep; la, det; fiesta, n.

c- Lo, det; mejor, adjetivo sustantivado (nombre); es, v; trabajar, v; duro, adv (aquí es invariable); permanecer, v; atento, adj; y, conj; avanzar, v; deprisa, adv.
d- Eh, interjec; Carlos, n; no, adv; olvides, v; explicar, v; se, pron; lo, pron; mientras, conj; le, pron; hablas, v; del, prep+det; nuevo, adj; producto, n.
e- Bastante, adv; complicado, adj; parecía, v; encontrar, v; bastantes, pron; cuando, conj; no, adv; teníamos, v; bastante, det; tiempo, n.
f- Aparecieron, v; tantos, pron; que, conj; no, adv; había, v; tantas, det; tiendas, n; como, conj; para, prep; alojar, v; a, prep; un, det; grupo, n; tan, adv; numeroso, adj.
g- Había superado (un solo verbo, aunque vaya partido), v; a pesar de, loc prep; su, det; juventud, n; todas, det; las, det; pruebas, n; finales, adj; aquellas, det.
h- Qué, det; persona, n; no, adv; sabría, v; qué, pron; hacer, v; cuando, conj; todos, pron; vemos, v; qué, adv; fácil, adj; resultaba, v; resolver, v; lo, pron.
i- Ese, det; último, det (también posible como adjetivo); problema, n; suyo, det; no, adv; llegó, v; a, prep; mi, det; conocimiento, n; ni, conj; al, prep+det; tuyo, pron.
j- Estaba pensando, v; aquel, det; día, n; se, pron; lo, pron; aún, adv; es decir, que, loc conj; no, adv; sabía, v; cómo, adv; decir, v; se, pron; lo, pron.

2- a- Demasiado, adv; suficientes, det; todos, pron.
b- Algunos, det; demasiado, adv; suficiente, pron.
c- Nada, pron; nada, adv; nadie, pron; bastante, adv.
d- Más, adv; menos, det; más, adv.
e- Más, det; menos, pron; bastante, det.

3- a- Qué, det; qué, pron; cuánto, adv.
b- Quiénes, pron; qué, det; qué, pron.
c- Qué, adv; qué, pron; cuál, pron.
d- Cuál, pron; cómo, adv; qué, det.
e- Cuán, det; cuántos, det; cómo, adv.

4- a- *De palabra*, adjetiva; *de modo que*, conjuntiva.
b- *Poco a poco*, adverbial; *junto a*, preposicional; *como si nada*, adjetiva (o adverbial).
c- *En carne viva*, adjetiva; *de vez en cuando*, adverbial.
d- *A pesar de que*, conjuntiva (o *a pesar de* preposicional); *en contra de*, preposicional.
e- *Madre mía*, interjectiva; *de armas tomar*, adjetiva.
f- *Gracias a*, preposicional; *dio a conocer*, verbal.
g- *Qué más quisieras*, interjectiva; *ni de coña*, adverbial.
h- *Mogollón de*, determinativa; *un porrón de*, determinativa.
i- *En tiempo de*, preposicional; *vacas flacas*, nominal; *chivo expiatorio*, nominal.

j- *Por culpa de*, preposicional. *Tuvimos que dar* no es locución, sino perífrasis verbal de obligación. *Alrededor de la arboleda* es un SAdv con núcleo y SP CAdv, pero algunos profesores pueden considerar que *alrededor de* forma locución preposicional. Algunos considerarán locución verbal *dar un rodeo*, pero, puesto que puedes decir *dimos un enorme rodeo* y *lo dimos*, prefiero considerar que las palabras conservan su autonomía.

5- a- En *Lleva estudiando dos horas* el sujeto no lleva nada. *Llevar* carece de significado léxico y solo sirve para indicar significado gramatical. Se trata de una perífrasis aspectual durativa. En *Lleva colgando un hilo* el sujeto lleva un hilo, que va colgando: tenemos una PSAdv de modo.
b- En *Vino a poner orden*, el sujeto realizó la acción de venir: *a poner orden* indica la finalidad (PSAdv final). Sin embargo, en *Viene a tardar dos horas* el sujeto no realiza la acción de venir. La idea es que tarda, más o menos, dos horas: es una perífrasis aspectual de aproximación.
c- En la primera se nos dice la razón por la que está en la cárcel. Tenemos una PSAdv causal, o un SP CC causa dentro del que encontramos una PSS. En la segunda se nos dice que está pensando en salir de paseo, que tiene intención de hacerlo, no que esté en ningún sitio: se trata de una perífrasis aspectual ingresiva. También podemos entender que duda si salir o no: entonces sería modal de duda.
d- En la primera nos dice dónde está el parque: tenemos una PSAdvL. En la segunda no se nos dice dónde está Juan: se nos indica que Juan rodea en este momento la fábrica: perífrasis aspectual durativa.
e- En la primera tenemos una perífrasis de voz pasiva: hay una acción, la de reservar. En la segunda tenemos una cópula (*están*) y un atributo (*reservadas*) y se nos muestra un estado y no una acción.
f- En la primera, el verbo *va* nos indica la acción de desplazarse: no forma perífrasis. En la segunda se nos muestra la intención de Pepe, puesto que la preposición *en* impide que el verbo ir signifique desplazarse: tenemos una perífrasis aspectual ingresiva.
g- En la primera no lleva nada: las ha puesto. Se trata de una perífrasis aspectual perfectiva. En la segunda el hablante lleva las sandalias y *puestas* dice cómo las lleva: *puestas* es un SAdj PVO.
h- En la primera tenemos dos acciones: la de acercarse y la de apagar. En la segunda solo hay una acción. Se nos indica que el sujeto culminó esa acción después de un proceso: se trata de una perífrasis aspectual perfectiva.
i- En la primera se nos dice cómo empezó el sujeto: tenemos una PSAdvM. En la segunda no hay dos acciones, la de empezar y la de citar, sino solo una. Se nos dice que la acción de citar se encuentra en su principio: perífrasis aspectual incoativa.

6- a- *Fue haciendo*, aspectual durativa.
b- *Debió de acordarse*, modal de conjetura.

c- *Lio a charlar*, aspectual incoativa; *volvió a acordarse*: aspectual reiterativa.
d- *Andan valorando*, aspectual durativa; *siguen dudando*, aspectual durativa.
e- *Estaban organizando*, aspectual durativa; *alcanzaron a prever*, aspectual perfectiva.
f- *Tiene que comprender*, modal de obligación; *dejar de fumar*, aspectual perfectiva.
g- *Solía conformarse*, aspectual frecuentativa; *se echó a llorar*, aspectual incoativa.
h- *Acostumbra a*, aspectual de costumbre.

7- El objetivo de este ejercicio es que el alumno comprenda que hay que distinguir la idea aspectual o modal del verbo y del enunciado: un verbo durativo, negado y con un adverbio *ya* ofrecerá un aspecto perfectivo.
a- *Estoy estudiando* aporta una idea aspectual durativa. Sin embargo, la oración aporta una idea aspectual perfectiva.
b- *He acabado* aporta una idea aspectual perfectiva. Sin embargo la oración aporta una idea durativa.
c- *Ha dejado de fumar* aporta una idea perfectiva. Sin embargo la oración aporta una idea durativa.
d- *Va a disculparse* aporta una idea aspectual ingresiva. Sin embargo la negación anula ese valor.

8- Además de *Me quedan por hacer seis oraciones*, también podría escribir *Me quedan sin hacer seis oraciones* o *Me quedan seis oraciones para hacer* o *Me quedan seis oraciones que hacer*. Además, las oraciones me quedan: el verbo no ha perdido su significado. El complemento está predicando cómo quedan las oraciones: inacabadas. No hay perífrasis.

9- a- En *Ciertas personas*, *ciertas* es un determinante indefinido, similar a *algunas*. Sin embargo, en *pruebas ciertas*, *ciertas* equivale a *verdaderas* y funciona como adjetivo.
b- En *algunas personas*, *algunas* es un determinante indefinido. En *prenda alguna*, que, precedido de la negación, significa *ninguna prenda*; también tenemos un determinante.

22 Soluciones. Sintagmas

1- a- *De la célula terrorista de París* a *vinculación*; *de París* a *célula*; *con el crimen organizado del sur de Italia* a *vinculación*; *del sur de Italia* a *crimen*; *de Italia* a *sur*.
b- *De paz en el mundo* a *deseo*; *en el mundo* a *paz*; *de todos los presentes en la cena de celebración del aniversario de la constitución del país* a *deseo*; *en la cena de celebración del aniversario de la constitución del país* a *los presentes*; *de celebración del aniversario de la constitución del país* a *cena*; *del aniversario de la constitución del país* a *celebración*; *de la constitución del país* a *aniversario*; *del país* a *constitución*.

c- De *los voluntarios de la región* a *esfuerzos*; *de la región* a *voluntarios*; *por un diálogo continuado con los responsables de los recursos humanitarios* a *esfuerzos*; *con los responsables de los recursos humanitarios* a *diálogo*; *de los recursos humanitarios* a *responsables*.

d- De *las competiciones de invierno* a *celebración*; *de invierno* a *competiciones*; *por parte de los integrantes de los clubes de esquí de Murcia* a *celebración*; *de los clubes de esquí de Murcia* a *integrantes*; *de esquí* a *clubes*; *de Murcia* a *clubes*; *durante el periodo de vacaciones de Navidad* a *celebración*; *de vacaciones de Navidad* a *periodo*; *de Navidad* a *vacaciones*.

e- Del *escudo del club de fútbol* a *cambio*; *del club de fútbol* a *escudo*; *de fútbol* a *club*; *por el propósito de ofrecer una imagen renovada de la entidad ante la afición* a *motivado*; *de ofrecer una imagen renovada de la entidad ante la afición* a *propósito*; *de la entidad* a *imagen*; *ante la afición* a *imagen*.

f- De *propuestas en materia de sanidad* a *falta*; *en materia de sanidad* a *propuestas* (*en materia de* es una locución preposicional); *de los nuevos consejeros de la empresa* a *propuestas*; *de la empresa* a *consejeros*; *a pesar de la importancia de la prevención de riesgos laborales* a *falta*; *de la prevención de riesgos laborales* a *importancia*; *de riesgos laborales* a *prevención*.

2-

Las abrumadoras evidencias de la autoría del crimen en el caso del secuestro del empresario holandés.

La vigilancia de los puertos de mar antes de la llegada de la tormenta tropical a la bahía.

3- *Importante* es un adjetivo. Sin embargo, el artículo *lo* lo sustantiva. A pesar de ello, mantiene en parte su funcionamiento como adjetivo: por eso puede recibir un adverbio (*más*) como complemento del adjetivo.

23 Soluciones. Sujeto, predicado y elementos oracionales

1- a- No me asusta **ninguna película de terror**.
b- **Nada** parece seguro.
c- No hubo ninguna duda aquel viernes. Impersonal.
d- Se interrogó a los sospechosos. Impersonal.
e- No se aceptarán **devoluciones de artículos sin embalaje original**.
f- No se tienen **muchos escrúpulos** en esa organización.
g- No entró **nadie** hasta las 7.
h- Llegaron muy interesados **los turistas**.

2-

Se lo entregaron custodiado por dos agentes de paisano.

Dejó muy tristes a los enamorados de la música la noticia de su muerte.

Los encontraron escondidos bajo el capó del coche.

Las vacaciones las pasaremos en la capital en caso de inundaciones.

Les pedimos a los psicólogos ayuda con los casos más difíciles.

							SAdv CAdj	N
		Det	N			Det	N	S Adj-CN
		E	SN-Térm			E	SN-Térm	
SN CI dupl	NP	SP-CI		SN-CD		SP-CC		
	SV-SPV							
O. Simple SO: Nosotros

Mandamos los (alumnos) más jóvenes una carta de protesta a la organización.

						E	SN-Térm	Det	N
			SAdv CAdj	N	Det	N	SP-CN	E	SN-Térm
NP	Det	N	S Adj-CN		SN-CD		SP-CI		
SV-SPV		SN-Suj				SV-SPV			
O. Simple

No conocía nadie el lugar de escondite del tesoro.

				N	SP-CN
			E	SN-Térm	
		Det	N	SP-CN	
SAdv CC neg	NP		SN-CD		
SV-SPV	SN-Suj	SV-SPV			
O. Simple

Las maniobras de reanimación salvaron de una muerte segura al accidentado.

					Det	N	S Adj-CN		N
		E	SN-Térm		E	SN-Térm	E	SN-Térm
Det	N	SP-CN	NP	SP-C Rég	SP-CD
SN-Suj		SV-SPV			
O. Simple

Se lo notificaron con la debida antelación.

				Det	S Adj-CN	N
			E	SN-Térm		
SN CI	SN CD	NP	SP-CC M			
SV-SPV
O. Simple SO: Ellos

Nombramos delegado a Pedro por dos votos de diferencia.

			Det	N	SP-CN
		E SN-Térm	E	SN-Térm
NP	S Adj-C Pvo	SP-CD	SP-CC M
SV-SPV
O. Simple SO: Nosotros

Regresó convencido de su capacidad para el cargo tras las vacaciones.

		Det	N	SP-CN
	E	SN-Térm		
N	SP-C Adj	Det	N
NP	S Adj-C Pvo	E	SN-Térm
		SP-CC T
SV-SPV
O. Simple SO: Él

Dejó su puesto en la agencia por incompatibilidad con su jefe.

	E	SN-Térm		N	SP-CN
Det	N	SP-CN	E	SN-Térm
NP	SN-CD	SP-CC causa
SV-SPV
O. Simple

Fue descubierta por casualidad la cura contra esa enfermedad.

	E	SN-Térm		E	SN-Térm
NP	SP-CC M	Det	N	SP-CN
SV-SPV	SN-Suj
O. Simple

Nos emocionó su actuación en la obra de teatro.

				Det	N	SP-CN
				E	SN-Térm
SN CD/CI	NP	Det	N	SP-CN
SV-SPV	SN-Suj
O. Simple

Se lo concedieron ya preparado para su uso a los solicitantes mejor preparados.

					Det	N		SAdv CAdj	N
				E	SN-Térm	Det	N	S Adj-CN
		SAdv CAdj	N	SP-C Adj	E	SN-Térm
SN CI	SN CD	NP	S Adj-C Pvo	SP-CI dupl
SV-SPV
O. Simple SO: Ellos

Había demasiadas dificultades para la extradición.

Det	N	SP-CN
NP impers	SN-CD
SV-SPV
O. Simple

Les preocupaba la calidad del producto.

SN CD/CI	NP	Det	N	SP-CN
SV-SPV	SN-Suj
O. Simple. Verbo de afección psíquica: admite CD o CI

Conducían la moto protegidos con cascos de kevlar.

			E	SN-Térm
	Det	N	N	SP-C Adj
NP	SN-CD	S Adj-C Pvo
SV-SPV
O. Simple SO: Ellos

¿Os han hablado de su contribución al refugio de animales?

		Det	N	SP-CN
		E		SN-Térm
SN-CI	NP		SP-C Rég	
	SV-SPV			
	O. Simple SO: Ellos			

De pequeño soñaba con una fiesta sorpresa.

			Det	N
E	S Adj-Térm		E	SN-Térm
SP-CC T	NP		SP-C Rég	
	SV-SPV			
	O. Simple SO: Él			

Nos entregó la invitación enfadada con nosotros.

		Det	N	N	SP-C Adj
SN-CI	NP		SN-CD		S Adj-C Pvo
	SV-SPV				
	O. Simple SO: Ella				

Se pusieron los niños los pantalones sucios de tanto revolcón en la hierba.

					Det	N	SP-CN
		Det	N		E		SN-Térm
PRelCl	NP	Det	N	SN-CD	S Adj C Pvo	SP-CC causa	
SV-SPV	SN-Suj				SV-SPV		
			O. Simple				

En *Nos emocionó su actuación en la obra de teatro* tenemos un verbo de afección psíquica. Por ello *nos* puede ser CD o CI. En *De pequeño soñaba con una fiesta sorpresa*, *de pequeño* puede ser considerado PVO.

3- a- Nos dice cómo estaban: de los nervios, o nerviosos. Copulativo.
b- Nos dice cómo es (cumplidor). Copulativo.
c- Nos dicen qué eran (unos Fernández de Soria, ellos también). Copulativo.
d- Nos dice qué parecían: centroamericanos. Copulativo.
e- En *Estuvimos varios días con el equipo de baloncesto* tenemos un complemento que nos indica cuánto tiempo y otro que nos dice con quién, pero ninguno que nos indique una cualidad del sujeto. Predicativo: se acerca al significado de *permanecer*.
f- Se nos dice dónde tendrán lugar los conciertos (CCL), pero no se nos da ninguna característica de estos. Predicativo: el verbo significa *tienen lugar*.
g- Se nos indica cuándo tendrá lugar la carrera, pero no cómo será. Además, el verbo significa *tendrá lugar*. Predicativo: el verbo significa *se celebrará*.
h- Se nos dice cómo parecían. Copulativo.
i- No tenemos el verbo *parecer*, sino *parecerse*, que significa *tener parecido*. Predicativo.
j- Se nos dice dónde estaban, pero no cómo. Predicativo: significa *se hallaban*.
k- Nos dicen cómo estaban (muy deprimidos), no dónde. Copulativo.
l- Se nos dice dónde están, no cómo. Predicativo: significa *se encuentran*.

4-

Nos fue concedida la beca tras varios intentos.

		Det	N	SP-CC T
SN-CI	NP			
SV-SPV	SN-Suj		SV-SPV	
	O. Simple			

Las becas ya están concedidas desde febrero.

Det	N	S Adv CCT	cóp	S Adj-Atrib	SP-CC T
SN-Suj				SV-SPN	
			O. Simple		

Nos hubiera sido más rentable una inversión en industria.

		SAdv CAdj	N			E	SN-Térm
SN-CI	cóp		S Adj-Atrib	Det	N	SP-CN	
SV-SPN				SN-Suj			
			O. Simple				

Están en tercer curso de Química los (vecinos) del piso de abajo.

		E	SN-Térm			E	S Adj Térm
	Det	N	SP-CN		Det	N	SP-CN
	E		SN-Térm		E		SN-Térm
NP		SP-CC L		Det	N	SP-CN	
SV-SPV				SN-Suj			
			O. Simple				

No me pareció tan complicado durante la exposición.				
	SAdv / CAdj	N	E	SN-Térm
SAdv CC neg / SN CI	cóp	S Adj-Atrib		SP-CC T
	SV-SPN			
O. Simple SO: Eso				

Estuvimos una semana agobiados por el papeleo.			
	Det	N	SP-C Adj
cóp	SN-CC T		S Adj-Atrib
SV-SPN			
O. Simple SO: Nosotros			

No están acostumbrados al frío de Soria.		
	N	SP-C Adj
SAdv CC neg	cóp	S Adj-Atrib
	SV-SPN	
O. Simple SO: Ellos		

Fueron acostumbrados desde pequeños a una disciplina estricta.			
	E	S Adj-Térm E	SN-Térm
NP	SP-CC T		SP-C Rég
SV-SPV			
O. Simple SO: Ellos			

5- a- Venga, tío (voc).

b- Al final.

c- Juan (voc); por lo que más quieras.

d- Desgraciadamente.

e- Para mí.

f- En realidad; amigos míos (voc).

6- En *Allí sucedió de todo* podemos sustituir *de todo* por *algo*. Así vemos que hace de sujeto. ¿Significa que tenemos un SP sujeto? No. Ese *de* tiene valor partitivo (indica parte de una cantidad). La oración equivale a *Allí sucedió un poco de todo*. También podría considerarse que *de todo* forma una locución nominal.

En *Alejandro come de todo* no tenemos CRég porque la preposición no es exigida por el verbo: sirve para expresar cantidad (la parte de un todo). En realidad, lo que el hablante expresa es que *Alejandro come (un poco) de todo*. Conviene mostrar en el análisis esa parte omitida para evitar decir que un SP con *de* pueda hacer de CD. También podría considerarse que *de todo* forma una locución nominal.

24 Soluciones. Pronombres personales átonos

1- a- El cierre no se ha estropeado a sí mismo. No es reflexivo. Es voz media y *se* va dentro del NP.

b- No se fatigan conscientemente, es algo que les sucede. No es reflexivo, sino voz media. El pronombre va dentro del NP.

c- Se inclinaron a sí mismos, podían haber inclinado, por ejemplo, la cabeza, y la acción es consciente. Reflexivo CD.

d- Se tiró a sí mismo, podía haber tirado a otro, es una acción consciente. Reflexivo CD.

e- Me afeité a mí mismo la barba, podría haber afeitado a otro, fue una acción consciente. Lo afeitado es la barba (CD). Reflexivo CI.

f- Se afeitan a sí mismos, podrían afeitar a otros, acción consciente. Reflexivo CD.

g- Se ha apuntado a sí mismo, podría haber apuntado a su hijo, es una acción consciente. Reflexivo CD.

h- No se muestra a sí mismo. Si decimos *Muestra muy seguro de su éxito a su hermano* queremos decir que lo enseña. En la oración original el sujeto no se enseña a sí mismo orgulloso. No es reflexivo, sino pronominal (si consideramos la acción consciente) o voz media (si la consideramos inconsciente).
i- No fue algo que hizo conscientemente, sino algo que le pasó. No es reflexivo, sino voz media. Podría considerarse pronominal.
j- No puede quejar a otro. No es reflexivo, sino pronominal.
k- Te echaste a ti mismo, podrías haber echado algo y fue una acción consciente. Reflexivo CD.
l- No realizó la acción conscientemente, fue algo que le ocurrió. No es reflexivo, sino voz media.
m- Podemos decir *Dirigieron sus tropas hacia un sitio*, pero en este caso el verbo significa otra cosa (*mandar*). Ellos no se dirigieron a sí mismos, sino que fueron. El verbo *dirigirse* es distinto del verbo *dirigir*. No es reflexivo, sino pronominal.
n- No se lesionó a propósito, fue algo que le ocurrió. No es reflexivo, sino voz media.
ñ- El sujeto no se come a sí mismo, ni come para sí mismo. El pronombre es prescindible. No es reflexivo, sino dativo ético.
o- Se lo permite a sí mismo, podría permitírselo a otro, es una acción consciente. Reflexivo CI.

2- a- Se jactaba de ser rico. Pronominal.
b- Se burlaba de sus hermanos. Pronominal.
c- Se encontró con su tío en la calle. Si se encontraron por casualidad, es una voz media. Si habían quedado para encontrarse en la calle, pronominal. En ningún caso *se* funcionará como recíproco, puesto que el verbo está en singular.
d- Se encontró dos monedas antiguas bajo las maderas. Voz media. Podría analizarse como impersonal.
e- No te pareces a tu padre. Voz media.
f- Me niego a aceptarlo. Pronominal.
g- Se quedó sin trabajo. Voz media.
h- Siempre se queda un buen rato tomando café. Pronominal.
i- Se sacó la muela del juicio. PRef CI, matiz causativo.
j- Me cené la pizza entera. Dativo ético.
k- No me digas eso. No hay uso especial. *Me* es PP CI.
l- Se apoyó en el muro. Reflexivo CD.
m- Se me ha roto el móvil. Voz media. CI: *me*.
n- El estadio se abrirá una hora antes del partido. Pasiva refleja.
ñ- Cuando se es tan perezoso las cosas no salen bien. Impersonal.
o- El dobladillo se cose con la máquina. Pasiva refleja.
p- Se ha vuelto muy desconfiado. Voz media.

q- No te empeñes en llevar razón. Pronominal.
r- Se lo devolvieron en buen estado. Sustituto de *le*, CI.
s- Nada se arregla con violencia. Pasiva refleja.
t- Esas setas no se encuentran con facilidad. Pasiva refleja.
u- Se mató en el accidente. Voz media.
v- Se mató llevado por la desesperación. Reflexivo CD.
w- Se suicidó el 2 de septiembre de 1916. Pronominal.
x- No se me ocurre uno mejor. *Se* es voz media; *me* es CI.

3-

Se ha informado de un terremoto.
NP imp	SP-C Rég
SV-SPV	
O. Simple	

No me refiero a ese artículo.
S Adv CC neg	NP pron	SP-C Rég
	SV-SPV	
	O. Simple SO: Yo	

Se arreglarán todas las tuberías a cargo de la comunidad.
pas ref	Det	Det	N	SP-CC M
SV-SPV		SN-Suj		SV-SPV
		O. Simple		

No se te ha educado para eso.
S Adv CC neg	NP imp	SN imp CD	NP imp	SP-CC F
			SV-SPV	
			O. Simple	

Se apoyó contra la pared tras el mareo.
PRef CD	NP	SP-CC L	SP-CC T
	SV-SPV		
	O. Simple SO: Él		

Siempre se pasan el balón entre ellos.
S Adv-CC T	PRec CI	NP	SN-CD	SP-C Pvo
	SV-SPV			
	O. Simple SO: Ellos			

Se encharcaron todas las aceras.
NP vm	Det	Det	N
SV-SPV		SN-Suj	
	O. Simple		

Se han informado bien antes del juicio.
PRef CD	NP	S Adv CC M	SP-CC T
	SV-SPV		
	O. Simple SO: Ellas		

Los trapos sucios se lavan en casa.
Det	N	S Adj-CN	NP pas ref	SP-CC L
	SN-Suj			SV-SPV
			O. Simple	

El coche se chocó en la última curva.
Det	N	NP vm	SP-CC L
	SN-Suj		SV-SPV
		O. Simple	

Se protegía los brazos con crema solar.
PRef CI	NP	SN-CD	SP-CC Inst
	SV-SPV		
	O. Simple SO: Él		

Se cortó el pelo en la peluquería del barrio.
PRef CI	NP	SN-CD	SP-CC L
	SV-SPV		
	O. Simple SO: Él		

Esa chaqueta se lava en frío.
Det	N	NP pas ref	SP-CC M
	SN-Suj		SV-SPV
		O. Simple	

Se pintarán las farolas.
NP pas ref	Det	N
SV-SPV		SN-Suj
	O. Simple	

```
No te me pongas farruco.                     Se registró a los sospechosos.
S Adv  NP  Dat  NP pron  S Adj-C Pvo         NP imp        SP-CD
CC neg pron  ét                              ─────────────────────
        SV-SPV                                      SV-SPV
      O. Simple SO: Tú                           O. Simple
```

```
Se registraron los dormitorios uno por uno.  Se desplazó a Córdoba el domingo.
NP pas ref    Det    N       SN-C Pvo        NP pron   SP-CC L    SN-CC T
  SV-SPV         SN-Suj      SV-SPV                  SV-SPV
              O. Simple                          O. Simple SO: Ella
```

```
Dámelas arregladas.                          Así no se puede hablar.
NP  SN  SN   S Adj-C Pvo                     S Adv  S Adv   NP imp
    CI  CD                                   CC M   CC neg
       SV-SPV                                      SV-SPV
    O. Simple SO: Tú                            O. Simple
```

4- a- Luis y Carlos se presentaron a su nuevo jefe (le dijeron sus nombres).
b- Juan y Carlos se presentaron en la fiesta de Navidad (el uno al otro).
c- Se presentaron los nuevos coches en el Salón del Automóvil.
d- Se presentaron cuando ya había empezado la película (hicieron acto de presencia).
e- Se espera una afluencia masiva de turistas.
f- Se espera en el aeropuerto al jefe del Gobierno.
g- Si se esperan el uno al otro tardarán aún más.
h- No se esperaba aquella sorpresa.
i- Se preparó una gran fiesta de bienvenida.
j- Se preparó para la fiesta de bienvenida.
k- Se preparó una tortilla para la excursión.
l- Se preparó a las tropas para el asalto.

5- En *Se propuso estudiar más* podemos decir *Él propuso a su hermano que estudiara más*, pero el verbo ha cambiado de significado: en el ejemplo significa *tomar una decisión* y en el segundo *hacer una propuesta*. Por tanto, no hay reflexividad: se trata de un verbo pronominal. En *Se propuso para el cargo*, él se propuso a sí mismo para desempeñar el cargo, del mismo modo que podía haber propuesto a otro: pronombre reflexivo CD.

25 Soluciones. Yuxtapuestas y coordinadas

1- Respuesta libre.
2-

```
Se apartó del camino,           pero   no perdió de vista a los otros peregrinos.
       E   SN-Térm                              E         SN-Térm
PRef  NP   SP-CC L              S Adv  NP             SP-CD
CD                              CC neg
   SV-SPV SO: Élla                     SV-SPV SO: Ella
 O. Compuesta Coord Adv   NXO      O. Compuesta Coord Adv
                    O. Compuesta
```

115

O se nos devuelve el dinero o se nos compensa con otro objeto.

NXO	SN-CI	NP pas ref	Det	N		NP imp	SN CD	NP imp	SP-CC M
		SV-SPV		SN-Suj				SV-SPV	
NXO	O. Compuesta Coord Disy				NXO	P2 O. Compuesta Coord Disy			
				O. Compuesta					

No sólo se preocupaba por sus pacientes, sino que además se sabía de memoria los historiales.

	NP pron	SP-CC causa		S Adv CC afir	Dat ét	NP	SP-CC M	SN-CD
	SV-SPV SO: Ella					SV-SPV		
NXO	P1 O. Compuesta Coord Adv		NXO	P2 O. Compuesta Coord Adv				
		O. Compuesta						

Ni se decide ni renuncia a la plaza.

NP pron		NP	SP-C Rég
SV-SPV SO: Ella		SV-SPV SO: Ella	
NXO O. Compuesta Coord Copul	NXO	O. Compuesta Coord Copul	
	O. Compuesta		

No me lo repitas, ya lo he oído.

S Adv CC neg	SN CI	SN CD	NP	S Adv CC T	SN CD	NP
SV-SPV SO: Tú				SV-SPV SO: Yo		
O. Compuesta Yuxt				O. Compuesta Yuxt		
			O. Compuesta			

Tan pronto lo toman por tonto como lo eligen su representante.

	SN CD	NP	SP C Pvo o CRég		SN CD	NP	SN-C Pvo
	SV-SPV SO: Ellos				SV-SPV		
NXO	P1 O. Compuesta Coord Dist		NXO	P2 O. Compuesta Coord Dist			
		O. Compuesta					

Díselo claramente: lo contrario sería una imprudencia.

NP	SN CI	SN CD	S Adv-CC M	Det	N	cóp	SN-Atrib
SV-SPV SO: Tú				SN-Suj		SV-SPN	
O. Compuesta Yuxt				O. Compuesta Yuxt			
			O. Compuesta				

Ha aprobado el examen con una nota pésima, o, mejor dicho, se lo han regalado.

NP	SN-CD	SP-CC M		SN CI	SN CD	NP
SV-SPV SO: Él				SV-SPV SO: Ellos		
O. Compuesta Coord Exp			NXO	O. Compuesta Coord Exp		
		O. Compuesta				

La cópula une sujeto y atributo, es decir, un verbo no puede ser copulativo e impersonal a la vez.

		SN1	NXO	SN2						SAdj1	NXO	SAdj2	
Det	N	NP		SN-CD		Det	N	S Adv CC neg	cóp	S Adj-Atrib			S Adv-CC M
SN-Suj		SV-SPV				SN-Suj			SV-SPN				
O. Compuesta Coord Exp			NXO	O. Compuesta Coord Exp									
				O. Compuesta									

No me espero ni un minuto más: ya se ha hecho tarde.

S Adv CC neg	Dat ét	NP	S Adv CC neg	SN-CC Tpo	S Adv CC	NP imp	S Adv C Pvo
SV-SPV SO: Yo					SV-SPV		
O. Compuesta Yuxt				O. Compuesta Yuxt			
			O. Compuesta				

En *No solo se preocupaba por sus pacientes*, *por sus pacientes* puede ser considerado también CRég.

En *Tan pronto lo toman por tonto como lo eligen su representante*, *por tonto* puede ser considerado PVO basándonos en la concordancia con el CD. También puede ser considerado CRég basándonos en que se trata de un complemento argumental (imprescindible) cuya preposición viene exigida por el verbo.

3-

Se trata de un subterfugio, es decir, de una vulgar excusa.

	SP1	nexo explic	SP2
NP imp		SP-C Rég	
	SV-SPV		
	O. Simple		

No vinieron cuatro, sino cinco.

S Adv CC neg	NP	SN1	NXO adv	SN2
	SV-SPV		SN-Suj	
		O. Simple		

Lo venden, o montado o con el embalaje.

		nexo	SAdj	nexo	SP
SN CD	NP		PVO		
		SV-SPV SO: Ellos			
		O. Simple			

Saben de fútbol y de baloncesto.

	SP1	nexo cop	SP2
NP		SP-C Rég	
	SV-SPV		
	O. Simple SO: Ellas		

¿Te quedas en el hotel o en la casa?

	SP1	nexo disy	SP2
NP pron		SP-CC L	
	SV-SPV		
	O. Simple SO: Tú		

Trabaja rápido y con eficiencia.

	SAdv	NXO cop	SP
NP		CCM	
	SV-SPV		
	O. Simple SO: Ella		

Es sumergible, antichoque y de buena calidad.

	SAdj	SAdj	NXO cop	SP
cóp		At		
	SV-SPN			
	O. Simple SO: Eso			

Es hermoso, no (es) práctico.

cóp S Adj-Atrib	S Adv CC neg	cóp S Adj-Atrib
SV-SPN SO: Eso		SV-SPN SO: Eso
O. Compuesta Yuxt		O. Compuesta Yuxt
	O. Compuesta	

Es hermoso, no práctico.

		SAdv CAdj	N
	SAdj1		SAdj2
cóp		S Adj-Atrib	
	SV-SPN		
	O. Simple		

Ven ni trajeado ni en pijama.

	nexo cop	SAdj	nexo cop	SP
NP			PVO	
	SV-SPV			
	O. Simple SO: Tú			

No se admiten cambios ni devoluciones.

S Adv CC neg	NP pas ref	SN1	NXO cop	SN2
	SV-SPV		SN-Suj	
		O. Simple		

¿Se lo has dicho a Manuel o a Carlos?

			SP1	nexo disy	SP2
SN CI dupl	SN CD	NP		SP-CI dupl	
		SV-SPV			
		O. Simple SO: Tú			

Me vale impreso o en un archivo informático, pero no escrito a mano.

	SAdj		SP		SAdv CAdj	N	SAdv CAdj
			S1		nexo adv	S2 SAdj	
SN CI	NP			PVO			
			SV-SPV				
			O. Simple				

4- En *Como tanta carne como pescado* tenemos un determinante *tanta* que sirve de anticipador de una comparativa. Para analizar escribiríamos *Como tanta carne como (como) pescado*. Hacemos el análisis como el de *Como más carne que pescado*, o como el de cualquier otra comparativa. En *Como tanto carne como pescado* no hablamos de cantidades, ni se compara nada: indicamos que como carne y también pescado. *Tanto... como* constituye, por tanto, un nexo copulativo discontinuo.

5- Tenemos dos hechos: *Llovió* y *Fuimos de excursión*. La dificultad es que llovió y el hecho que se cumplió, que fuimos de excursión. Recordamos que las concesivas son las proposiciones perdedoras y hacemos *Aunque llovió, fuimos de excursión*. Como las adversativas son las ganadoras podemos construir también *Llovió, pero fuimos de excursión*. La idea de la oración es la misma, pero la estructura es diferente: en la concesiva ponemos el nexo en la dificultad que no ha impedido el cumplimiento de la principal; en la adversativa en el suceso que finalmente ocurrió, a pesar de la dificultad planteada.

26 Soluciones. Proposiciones subordinadas adjetivas

1- a- *Encontraron una tumba en la cual nacía el río. No es adjetiva.
b- Nos enseñaron la **tumba** en la cual descubrieron la momia.
c- Son muchas las **decisiones** de las cuales se arrepiente.
d- *Son las decisiones de los cuales mandaban. No es adjetiva.
e- *La decisión de la cual nos quedáramos fue correcta. No es adjetiva.
f- La **decisión** de la cual presumes tanto no resultó beneficiosa.
g- Me contó esa **película**, la cual da mucho miedo.
h- *Cuéntame ya esa película, la cual nos vamos. No es adjetiva.
i- Me gusta la **idea** de la cual me hablaste.
j- *Me gusta la idea de la cual trabajemos juntos. No es adjetiva.

2- a- Es la **canción** de la que me cansé. Me cansé de la canción. De la que: SP CRég; la que: pron término.
b- Vi la **película** de cuya crítica me hablaste. Me hablaste de su crítica (de la crítica de la película). De cuya crítica: SP CRég; cuya: Det.
c- Son los **amigos** de quienes me siento más orgulloso. Me siento más orgulloso de esos amigos. De quienes: SP CAdj; quienes: pron término.

d- Hablaré con el **equipo** del que es entrenadora. Es entrenadora de ese equipo. Del que: SP CN; el que: pron término.

e- Me enseñó el **cuadro** del que se muestra más satisfecho. Se muestra más satisfecho de ese cuadro. Del que: SP CAdj; el que: pron término. La oración es ambigua y podría analizarse la subordinada como PSAdjSust si me enseñó el cuadro del pintor que se muestra más satisfecho.

f- Me presentó a la **vecina** con la que mantiene una relación. Mantiene una relación con la vecina. Con la que: CN o CCComp; la que: pron término.

g- Es el **camino** por donde lo encontré. Lo encontré por ese camino. Por donde: CCL; donde: adv término.

h- Enséñame las **películas** que se presentan a los Oscar. Las películas se presentan a los Oscar. Que: pron SNS.

i- Conozco al **escritor** sobre cuyas novelas hablaba el documental. El documental habla sobre sus novelas. Sobre cuyas novelas: CRég; cuyas: Det.

j- Las **elecciones** a las que se presentó no resultaron limpias. Se presentó a las elecciones. A las que: CRég; las que: pron término.

3-

Publicaron un artículo sobre cuya originalidad tuvimos que investigar.

Tengo asuntos que arreglar.

Se habían escondido en el pajar que luego se derrumbó.

El trabajo al que se optaba estaba muy bien pagado.

Su sobrino, que se licenció en Sevilla, fue seleccionado para la audición.

No figuran en el mapa los montes por donde bajan los ríos.

Animaban a los chicos de quienes Pedro es profesor.

La manera como me lo contó no me pareció adecuada.

4- a- El queso que te tomaste olía fatal.
b- Dime las preguntas que te faltan.
c- Me acuerdo del verano que pasamos en Irlanda.
d- Es la solución que más me gusta.
e- Se internó en el bosque donde vivían los elfos.
f- Fueron descubiertos por los exploradores que tomaron el segundo camino.

5- a- El terremoto que se preveía para el viernes no parecía peligroso.

b- Las pruebas a las que se presentó eran fáciles.
c- El amigo al que saludé trabaja aquí.
d- El coche al que limpié los cristales era rojo.
e- El collar que te compré te encantó.
g- Las atrocidades de las que se sentía responsable lo atormentaban.
h- La finca de la que es administradora está en Canillejas.
i- El castillo del que está tan cerca es el de Drácula.
j- Los guardias por quienes fue multado se comportaron de manera muy profesional.
k- El vecino del que es el perro negó los hechos.

6- Es difícil encontrar un *lo que* que introduzca una PSAdj porque el relativo debe concordar con su antecedente, que suele ser un nombre o un pronombre. Nombres y pronombres son masculinos o femeninos, pero no neutros, con lo cual el relativo siempre llevará marca de género. Para encontrar uno que no la lleve tenemos que imaginar un adjetivo sustantivado por *lo*, que son los que figuran en género neutro. Además, no podemos construir adjetivas especificativas con *el cual* y sus variantes a no ser que vayan precedidos de preposición. Siguiendo todas estas instrucciones, podríamos escribir: *Lo único de lo que me siento orgulloso es mi biblioteca.*

27 Soluciones. Proposiciones subordinadas sustantivas

1- a- No se ha averiguado aún una cosa. *Si.*
b- No es sustantiva, sino adverbial condicional.
c- No imagino una cosa. *Dónde.*
d- No hay sustantiva: *llegaron a facturar* forma perífrasis verbal. Tenemos una oración simple.
e- Se negó a una cosa. Carece de nexo.
f- Me asusta una cosa. *Lo que* introduce una PSAdjSust.
g- Investigaban una cosa. *Qué.*
h- Aléjate de unas personas. *Quienes.*
i- No es sustantiva, sino adverbial consecutiva intensiva.
j- No hay subordinada: *tiene que hacer* es una perífrasis verbal, así que tenemos una oración simple.
k- No es sustantiva, sino adverbial consecutiva intensiva.
l- Planeó una cosa. *Cómo.*

2- a- Quién: pronombre. Término del SP CI. CD.
b- Qué: determinante. Determinante dentro del CRég. CD.
c- Cuándo: adverbio. CCT. Sujeto.
d- Qué: determinante. Determinante dentro del CRég. CD.
e- Dónde: adverbio. Término del SP CCL. CD.

f- Cómo: adverbio. CCM. Sujeto.
g- Dónde: adverbio. CCL. Término del SP CRég.
h- Cómo: adverbio. PVO, puesto que la respuesta sería siempre un nombre; algunos profesores lo analizan como CCM. No introduce proposición: interrogativa directa.
i- Qué: determinante. Determinante dentro del SP CRég. CD.
j- Qué: pronombre. Término dentro del SP CCcausa. Sujeto.

3- a- Las que: pronombre. SNS. PSAdjSust CD.
b- Que: pronombre. SNS. PSAdj CN.
c- Quienes: pronombre. SNS. PSAdjSust término del SP CRég.
d- Quienes: pronombre. Término del SP CRég. PSAdj CN.
e- Quienes: pronombre. Sujeto. PSAdjSust término del SP CAg.
f- Los que: pronombre. Término del SP CRég. PSAdj CN.
g- Quienes: pronombre. SNS. PSAdjSust At.
h- Quien: pronombre. SNS. PSAdjSust sujeto.
i- Quienes: pronombre. SNS. Término del SP CAdv.
j- Quienes: pronombre. SNS. PSAdjSust término del CI.

4- En *Investigan a quién sustrajo el coche* investigan una cosa: la identidad de la persona a la que sustrajeron el coche. Tenemos una PSS. En *Investigan a quien sustrajo el coche* investigan a una persona: a la persona que robó el coche. Tenemos una PSAdjSust.

5- a- Nos ayudó mucho <u>descubrir el emplazamiento</u>. PSSS.
b- Se animó a <u>buscar trabajo</u>. PSS término del SP CRég.
c- <u>Controlar la alimentación</u> salvó su vida. PSSS.
d- Se conformó con <u>quedarse con el negocio pequeño</u>. PSS término del SP CRég.
e- Es muy difícil de <u>aclarar</u>. PSS término del SP CAdj.
f- Se despertaron al abrirse la puerta. No hay PSS. Se trata de una PSAdv Tpo.
g- Atrévete a <u>arriesgarte</u>. PSS término del SP CRég.
h- Es el principal responsable de <u>haber terminado con el secuestro</u>. PSS término del SP CAdj.
i- Después de <u>cenar</u>, se lo contamos todo. PSS término del SP CAdv. También puede interpretarse como PSAdv Tpo.
j- No sabía <u>peinarse solo</u>. PSS CD.

6- Analiza sintácticamente.

Te arriesgas a que te cojan.

		SN-CD	NP
	NXO	SV-SPV SO: Ellos	
	E	Prop Sub Sust-Térm	
NP pron/vm	SP-C Rég		
SV-SPV SO: Tú			
O. Compuesta			

Es un ejercicio consistente en golpear el balón con el empeine.

		NP	SN-CD	SP-CC inst
			SV-SPV SFVnp	
		E	Prop Sub Sust-Térm	
	N		SP-C Adj	
Det	N		S Adj-CN	
cóp		SN-Atrib		
SV-SPN SO: Ése				
O. Compuesta				

Empaquetó cuantas le pidieron.

	SN-CD nexo SN-CI	NP
	SV-SPV SO: Ellos	
NP	Prop Sub Adj Sust-CD	
SV-SPV SO: Ella		
O. Compuesta		

Su denuncia de que las condiciones no eran justas nos impresionó.

		Det	N	S Adv CC neg cóp	S Adj Atrib
	NXO		SN-Suj	SV-SPN	
	E	Prop Sub Sust-Térm			
Det	N		SP-CN		SN-CD NP
	SN-Suj				SV-SPV
O. Compuesta					

Francamente, Alberto, ignoró si me readmitirán.

		SN-CD	NP
		NXO	SV-SPV SO: Ellos
		NP	Prop Sub Sust-CD
S Adv-C Orac	SN C Orac voc	SV-SPV SO: Yo	
O. Compuesta			

A quienes les salgan granos les darán pomada.

SN-CI dupl	SN CI dupl	NP		
	SV-SPV	SN-Suj		
E	Prop Sub Adj Sust-Térm			
	SP-CI dupl		SN CI dupl NP	SN-CD
	SV-SPV SO: Ellos			
O. Compuesta				

No sé por dónde tirar.

	E	S Adv Térm nexo
	SP-CC L	NP
	SV-SPV SFVnp	
S Adv CC neg	NP	Prop Sub Sust-CD
SV-SPV SO: Yo		
O. Compuesta		

Entregar el proyecto a tiempo fue la salvación de la empresa.

NP	SN-CD	S Adv CC T/M	Det	N	SP-CN
SV-SPV SFVnp			cóp	SN-Atrib	
Prop Sub Sust-Suj				SV-SPN	
O. Compuesta					

¿Me explicas a qué te refieres, por favor?

		E	SN Térm nexo	
		SP C Rég	NP pron	
		SV-SPV SO: Tú		
SN-CI	NP	Prop Sub Sust-CD		
SV-SPV SO: Tú			SP-C Orac	
O. Compuesta				

¿Eres consciente de lo que has hecho?

	SN CD nexo	NP
	SV-SPV SO: Tú	
	E	Prop Sub Adj Sust-Térm
N		SP-C Adj
cóp	S Adj-Atrib	
SV-SPN SO: Tú		
O. Compuesta		

Me emociona cuánto has luchado.

	S Adv CC cant/nexo	NP
SN CD/CI	NP	SV-SPV SO: Tú
SV-SPV	Prop Sub Sust-Suj	
O. Compuesta		

No me inquieta lo que se publique en los periódicos.

		NP pas ref	SP-CC L	
S Adv CC neg	SN CI(CD)	NP	SN Suj nexo	SV-SPV
SV-SPV			Prop Sub Adj Sust-Suj	
O. Compuesta				

De tus amigos no ha dicho nadie nada.

SP-C Rég	S Adv CC neg	NP	SN-CD
SV-SPV			SN-Suj SV-SPV
O. Compuesta			

Explícale por qué se sale el agua de la cisterna.

E	SN Térm nexo		E	SN-Térm	
SP CC causa	NP vm	Det	N	SP-CN	
	SV-SPV			SN-Suj	
NP	SN CI	Prop Sub Sust-CD			
SV-SPV SO: Tú					
O. Compuesta					

No se ha enterado aún de lo que tiene que pintar.

		SN CD nexo	NP	
			SV-SPV	
		E	Prop Sub Adj Sust-Térm	
S Adv CC neg	NP vm/pron	S Adv CC T	SP-C Rég	
SV-SPV SO: Ella				
O. Compuesta				

Se especificaba con quién consultar en caso de duda.

E	SN Térm nexo		E	SN-Térm
SP-C Rég	NP		SP-CC condic	
NP pas ref	SV-SPV SFVnp			
SV-SPV	Prop Sub Sust-Suj			
O. Compuesta				

Lo que no puede ser es imposible.

	S Adv CC	NP		
SN Suj nexo	SV-SPV	cóp	S Adj-Atrib	
Prop Sub Adj Sust-Suj	SV-SPN			
O. Compuesta				

No sé hasta cuándo seguirán informándonos de las ofertas.

E	S Adv Térm nexo		E	SN-Térm
	SP-CC T	NP	SN CD	SP-C Rég
	SV-SPV SO: Ellos			
S Adv CC neg	NP	Prop Sub Sust-CD		
SV-SPV SO: Yo				
O. Compuesta				

En *Explícale por qué se sale el agua de la cisterna*, *de la cisterna* puede ser también CCL. En *Lo que no puede ser es imposible* podemos entender que hay un uso predicativo de *puede ser* (*puede ocurrir, puede darse*), o que está omitido un adjetivo (*posible*) y el verbo es copulativo.

7- a- Sujeto: Me anima lo que me cuentas.
b- CD: Me explicó qué había ocurrido.
c- Término de un CAdj: Está contento de verte.
d- Término de un CI: Venda las heridas a quienes te digan.
e- Término de un CN: La convicción de que era su momento lo animaba.
f- Término de un CAdv: Estuvo muy cerca de que lo premiaran.
g- Término de un CAg: Fueron educados por quienes los habían adoptado.
h- Término de un CD: Eligió a quienes lo acompañarían en su aventura.
i- Atrib: Mi empresa es lo que siempre soñé.
j- Término de un CC: Se escapó con quienes lo sobornaron.
k- Término de un CRég: Se escondió de quienes lo perseguían.

28 Soluciones. Proposiciones subordinadas adverbiales

1- a- Espérame <u>donde siempre quedamos</u>. PSAdvL, CCL.
b- Espérame en el bar <u>donde quedamos siempre</u>. PSAdj CN.
c- No sé <u>dónde hemos quedado</u>. PSS CD.
d- <u>Aunque siempre pagara él</u> lo seguirían llamando tacaño. PSAdvConces. CCconces.

e- Lo seguían llamando tacaño, pero siempre pagaba él. No hay subordinación: tenemos dos proposiciones coordinadas adversativas.

f- Acelera, <u>que llegamos tarde</u>. PSAdv causal. CC causa.

g- Es <u>como cuando nadie habla en clase</u>. PSAdv modal-temporal. Atributo.

h- Hizo tanto ejercicio <u>que se quedó dormido en clase</u>. PSAdv consec intensiva. Complemento del intensificador *tanto*.

i- <u>Hacer tanto ejercicio</u> no puede ser bueno. PSS. Sujeto.

j- Se puso a ayudar de inmediato. No hay subordinación: *se puso a ayudar* es una perífrasis aspectual incoativa con *se* pronominal.

k- Se atrevió a <u>ayudar de inmediato</u>. PSS. Término del CRég.

l- Regresó <u>a ayudar</u> de inmediato. Si consideramos la proposición <u>a ayudar</u>, PSAdv final, CC fin. Si consideramos la proposición <u>ayudar</u>, PSS, término del CCFin.

m- <u>Como me toque la lotería</u> me compro ese abrigo. PSAdv condic. CCCondic.

n- <u>Como me tocó la lotería</u> me compré ese abrigo. PSAdv causal. CCCausa.

ñ- Es tan difícil <u>como batir un récord</u>. PSAdvComp. Complemento del intensificador *tan*.

o- <u>Corriendo así</u>, acabarás siendo olímpico. PSAdvM, o Condic, o Causa. CCM, CCCondic o CCCausa.

p- Llegó <u>corriendo</u>. PSAdvM. CCM o PVO.

q- <u>Para ser coreano</u>, toca flamenco <u>como Camarón</u>. La primera es PSAdvConces y CCConces. La segunda es PSAdv de modo o comparativa. Si la consideramos comparativa es complemento de un intensificador omitido (***tan*** bien como Camarón); si la consideramos modal es CCM.

r- <u>Formuladas las preguntas</u>, comenzaron a responderlas por orden. PSAdvT. CCT.

2- En realidad tenemos las dos. La prueba de que tenemos una PSS es que podemos sustituir por *Es tan difícil como el éxito*. Por otro lado, *que te toque la lotería* está complementando a *tan* como PSAdv comparativa. ¿Cómo las analizamos en la práctica? Te recomiendo que partas de *Es tan difícil como es difícil que te toque la lotería*.

Es tan difícil	<u>como</u>	(es difícil)	que toque la lotería.
	NXO	SV-SPN	Prop Sub Sust-Suj
SAdv / CAdj	N	Prop Sub Adv Comp -C del Cuant	
cóp		S Adj-Atrib	
SV-SPN SO: Eso			
O. Compuesta			

3- -Respuesta libre.

4-

Lázaro se marchó de la sala creyéndose en posesión de la verdad.

					E	SN-Térm
			NP	PRef CI	SP-C Pvo	
		E	SN-Térm		SV-SPV	
	NP pron	SP-CC		Prop Sub Adv Modo -CC Modo o PVO		
SN-Suj				SV-SPV		
				O. Compuesta		

Aun poniéndome en lo peor, no me asusta esa caminata.

S Adv CC	NP pron				
SV-SPV SFVnp					
Prop Sub Adv Conc -CC		S Adv CC neg	SN CD o CI	NP	Det	N
SV-SPV				SN-Suj	
O. Compuesta					

Como se acordaba de todas las calles, se podía pasar sin GPS.

	NP vm	SP-C Rég			
NXO	SV-SPV SO: Ella			E	SN-Térm
Prop Sub Adv Caus -CC Caus		NP pron	SP-CC M		
SV-SPV SO: Ella					
O. Compuesta					

Me he acostumbrado a quedarme con los perros del vecino.

		NP pron	SP-C Rég
		SV-SPV SFVnp	
	E	Prop Sub Sust-Térm	
NP vm		SP-C Rég	
SV-SPV SO: Yo			
O. Compuesta			

Jacinto, anticipándose a los acontecimientos, sacó su dinero del banco.

	NP pron	SP-CI			Det	N
	SV-SPV SFVnp			Det	N	E SN-Térm
	Prop Sub Adv Caus -CC Caus o PVO		NP	SN-CD	SP-CC L	
SN-Suj			SV-SPV			
O. Compuesta						

Aunque no se lo manifestaran en la reunión, se sentían decepcionados por su gestión.

	S Adv CC neg	SN CI	SN CD	NP	SP-CC T o L			
NXO	SV-SPV SO: Ellos						N	SP-C Adj
Prop Sub Adv Conc -CC				NP vm		S Adj-C Pvo		
SV-SPV SO: Ellos								
O. Compuesta								

Se consideran más seguros cuando están encerrados en su jaula.

					N	SP-C Adj
				cóp	S Adj-Atrib	
		S Adv C Adj	N	NXO	SV-SPN SO: Ellos	
PRef CD	NP	S Adj-C Pvo			Prop Sub Adv T -CC T	
SV-SPV SO: Ellos						
O. Compuesta						

Apenas se dio cuenta de la amenaza se puso a llamar a la policía.

Apenas	se dio cuenta	de la amenaza	se puso a llamar	a	la policía
	NP vm	SP-C Rég		Det	N
NXO	SV-SPV SO: Él			E	SN-Térm
Prop Sub Adv T -CC T			NP pron	SP-CD	
		SV-SPV SO: Él			
		O. Compuesta			

Aunque se explicaran las cuentas a los inquilinos no se mostrarían satisfechos con ellas.

Aunque	se explicaran	las	cuentas	a los inquilinos	no	se mostrarían	satisfechos	con	ellas
	NP pas ref	Det	N	SP-CI				E	SN-Térm
NXO	SV-SPV	SN-Suj		SV-SPV				N	SP-C Adj
Prop Sub Adv Conc -CC					S Adv CC neg	NP vm/pron	S Adj-C Pvo		
				SV-SPV SO: Ellos					
				O. Compuesta					

Tras levantarse la niebla nos apartamos del camino.

Tras	levantarse	la niebla	nos	apartamos	del	camino
	NP vm				Det	N
NXO	SV-SPV	SFV np			E	SN-Térm
Prop Sub Adv T -CC T		PRef CD	NP	SP-CC L		
SV-SPV SO: Nosotros						
O. Compuesta						

Vino desde muy lejos a llevarse la máquina rota.

Vino	desde	muy	lejos	a	llevarse	la máquina rota
		SAdv CAdv	N		NP PRef CI	SN-CD
	E	S Adv-Térm NXO		SV-SPV SFVnp		
NP	SP-CC L			Prop Sub Adv Fin -CC Fin		
SV-SPV SO: Ella						
O. Compuesta						

Una vez acatada la Constitución, el presidente se dirigió a los periodistas.

Una vez	acatada	la Constitución	el	presidente	se dirigió	a	los periodistas
NXO	SV-SPV	SN-Suj				E	SN-Térm
Prop Sub Adv T -CC T			Det	N	NP pron	SP-CI	
SV-SPV			SN-Suj		SV-SPV		
O. Compuesta							

Dejamos la ropa secándose al sol.

Dejamos	la	ropa	secándose	al sol
			NP vm	SP CC M/L
	Det	N	SV-SPV SFVnp	
NP	SN-CD		Prop Sub Adv Modo CC Modo /L o PVO	
SV-SPV SO: Nosotros				
O. Compuesta				

A menos que lo definas mejor, parece difícil el concepto.

A menos que	lo	definas	mejor	parece	difícil	el	concepto
	SN CD	NP	S Adv CC M				
NXO	SV-SPV SO: Tú						
Prop Sub Adv Cond -CC				cóp	S Adj Atrib	Det	N
SV-SPN						SN-Suj	
O. Compuesta							

Al entrar sin billete al autobús ya conocías los riesgos.

Al	entrar	sin billete	al autobús	ya	conocías	los	riesgos
	NP	SP-CC M	SP-CC L				
NXO	SV-SPV SFVnp					Det	N
Prop Sub Adv T -CC T				S Adv CC T	NP	SN-CD	
SV-SPV SO: Tú							
O. Compuesta							

Tanto me dio la lata que al final se lo permití.

Tanto	me	dio	la lata	que	al final	se	lo	permití
S Adv CC T	SN CI	SN CD	NP					
NXO	SV-SPV SO: Yo							
				Prop Sub Adv Consec C del Cuant Consec				
S Adv CC cant	SN CI	NP			S Adv-CC cant			
				SV-SPV SO: Él				
				O. Compuesta				

Se averió el motor, de modo que nos paramos en el arcén.

			PRef / CD	NP	SP-CC L	
		NXO		SV-SPV SO: Nosotros		
NP vm	Det	N	Prop Sub Adv Consec -CC Consec			
SV-SPV	SN-Suj		SV-SPV			
O. Compuesta						

Parece más esbelto que el de delante.

		Det	SP-CN
		NXO	SN-Suj N omit
Cuant SAdvCAdj	N	Prop Sub Adv Comp C del Cuant	
cóp		S Adj-Atrib	
SV-SPN SO: Él			
O. Compuesta			

Todo sucedió tal y como te dije.

			SN / CI	NP
		NXO	SV SPV SO: Yo	
	NP	Prop Sub Adv Modo CC Modo		
SN-Suj		SV-SPV		
O. Compuesta				

Te lo digo por si no se te había ocurrido.

		S Adv CC neg	NP vm / CI	SN	NP vm
		NXO		SV-SPV SO: Eso	
SN / CI	SN / CD	NP	Prop Sub Adv Caus -CC Caus -condic		
		SV-SPV SO: Yo			
O. Compuesta					

Me resultó tan sencillo como a ti.

				SP-CI
			NXO	SV SPV
	Cuant SAdvCadj	N	Prop Sub Adv Comp C del Cuant	
SN / CI	NP		S Adj-C Pvo	
SV-SPV SO: Eso				
O. Compuesta				

No por insistir más te van a tener en cuenta.

			NP	S Adv CC cant	
			NXO SV-SPV SFVnp		
S Adv CC neg	Prop Sub Adv Caus CC Caus -conces	SN / CD	NP		
SV-SPV SO: Ellos					
O. Compuesta					

Tanto calor tenía que se quitó hasta los pantalones.

		PRef / CI	NP	S Adv CC	SN-CD
		NXO		SV-SPV SO: Él	
Cuant	N	Prop Sub Adv Consec -C del Cuant Consec			
SN-CD	NP	SN-CD			
SV-SPV SO: Él					
O. Compuesta					

No se administra tan bien como su hermana.

			NXO	SN-Suj
		Cuant	N	Prop Sub Adv Comp C del Cuant
S Adv CC neg	PRef / CD	NP	S Adv-CC M	
SV-SPV SO: Ella				
O. Compuesta				

Estando yo en Sevilla se produjeron los arrestos.

NP	SP-CC			
SV-SPV	SFVnp	SV-SPV		
Prop Sub Adv T -CC T	NP vm	Det	N	
SV-SPV			SN-Suj	
O. Compuesta				

Presume de coche más que de buena persona.

			SP-C Rég	
		NXO	SV-SPV SO: Él; NP: Presume	
	E	SN-Térm	N	Prop Sub Adv Comp -C del Cuant
NP	SP-C Rég		S Adv-CC cant	
SV-SPV SO: Ella				
O. Compuesta				

En *Al entrar sin billete al autobús...*, *sin billete* es, en realidad, PVO, puesto que hay predicación secundaria: él entró en el autobús y él estaba sin billete. Figura como CCM porque es la forma más habitual de análisis en Secundaria. En oraciones como *Él presume de buena persona* algunos analizan como CRég y otros como PVO.

5- El problema de esta oración es *como tú*. Puedes recurrir a buscar elementos omitidos y analizar *Los chicos (que son) como tú (eres) no suelen mostrarse tan decididos*. Se trata de una PSAdv modal CN (o comparativa: lee la explicación del siguiente ejercicio).

6- Si entendemos que se nos dice la forma que tiene de tocar tenemos una PSAdv modal. Si entendemos que la oración encierra un elogio, porque se nos dice que toca tan bien como Camarón, entonces podemos analizarla como comparativa. En principio, siempre optamos por lo fácil, así que, si no hay un intensificador como *más*, *tanto* o *menos* es preferible analizar como modal.

7- Tenemos dos ideas relacionadas entre sí: una dificultad previa (me dolía) y la acción que finalmente se impone a esta dificultad (salí a la calle). En la primera pongo el nexo en la dificultad que no pudo evitar la acción, en la proposición perdedora: significado concesivo. En la segunda pongo el nexo en la acción que se cumplió a pesar de la dificultad, en la proposición ganadora: matiz adversativo.

8- Se trata de una subordinada adverbial que presenta a la vez carácter causal y condicional. No es causal del todo porque no se ha ido la luz; lo es condicional del todo porque te doy la linterna incluso si no se va la luz. Es la suma de ambas.

9- Los dos análisis son correctos. El que decida analizar como PSS tendrá que sacarla de un SP CCFin: *para* será el enlace y, dentro de la proposición, *que* hará de término, que hará de nexo. El que decida analizar como PSAdv final tendrá que decir que el nexo es *para que*.

10- En la primera la persona trabaja realmente como camarero o de camarero: tenemos un SP PVO (*como* está funcionando como preposición en este caso). En la segunda se nos dice cómo trabaja la persona, pero no que trabaje haciendo de esclavo (no es, realmente, un esclavo): tenemos una PSAdvM, o comparativa.

11- Ambas son correctas y ambas son proposiciones de CD. *Como* sustituye a un *que* (algo poco habitual, que no suelen explicar los libros de texto): lo que *Ya verás como viene vestida* significa es *Ya verás que viene vestida*. *Como* funciona como conjunción. En la segunda, sin embargo, introducimos además una idea modal: lo que verás no es que viene vestida, sino de qué manera. *Cómo* es un adverbio interrogativo CCM.

29 Soluciones. Oraciones con más de dos proposiciones.

Especialmente efectivos para estimular la criminalidad son los mensajes que refuerzan los estereotipos negativos.

El estruendo del arma lo despertaba, pero siempre era un sueño y en otro sueño el ataque se repetía y en otro sueño tenía que volver a matarlos.

En medio de este Olimpo cosmético y envasado me afeito contemplando mi rostro en un espejo muy amigo que se porta bien conmigo.

Voy a verle es una PSAdvFin. Nexo, *a*. SFVnp y PV. Dentro, NV y SN CD

Cuando tras dar mil vueltas a mis preocupaciones, me acuerdo de un amigo, voy a verle.

Un segundo grupo de palabras que por su origen se escriben con b es el de aquellas que en latín tenían p intervocálica.

Y al oír sus gritos, los que entretenían la espera a alguna distancia echaron a correr desalados hacia los postes más próximos.

Puede analizarse la proposición de aunque *como coordinada adversativa. Si optamos por nuestro análisis, incluimos una aclaración:* Analizo siguiendo la línea de Alarcos, que considera concesivas todas las proposiciones introducidas por aunque.

Al quejarse don Pedro del cuidado que le proporcionaba el manejo de la casa, sus hijos le dijeron que lo dejara en manos de Margarita.

La falta del nombre único ha hecho más difícil la comprensión del hecho y ha aumentado la dificultad de entenderlo cabalmente.

Vuelvo a la vida con la muerte al hombro, abominando cuanto he escrito.

La PSAdvM puede entenderse como CCM o como PVO.

Ayer mismo éramos tú y yo dos críos que veníamos a fumar aquí, a escondidas, los primeros pitillos.

Una idea entera se cambia porque una palabra se trasladó de sitio, o porque otra se sentó como una reinita adentro de una frase que no la esperaba.

Es evidente que la capacidad económica proporciona unos medios para la actividad deportiva pero no ofrece garantías totales de éxito

Un simio es totalmente incapaz de construir instrumentos valiéndose de otros instrumentos, es incapaz de acceder a una actividad instrumental.

							NP pron		SP-C Rég				Det	N	S Adj-CN
							SV-SPV SFVnp					E		SN-Térm
				NP		SN-CD	Prop Sub Adv Modo -CC Modo				NP		SP-C Rég
				SV-SPV SFVnp							SV-SPV SFVnp
			E			Prop Sub Sust-Térm				E		Prop Sub Sust-Térm
		SAdv CAdj	N			SP-C Adj			N		SP-C Adj
Det	N	cóp			S Adj-Atrib			cóp		S Adj-Atrib
SN-Suj				SV-SPN					SV-SPN SO: Un simio
		P1 O. Compuesta Yuxt						P2 O. Compuesta Yuxt
					O. Compuesta			

Porque en noches como ésta la tuve entre mis brazos, mi alma no se contenta con haberla perdido.

			nexo	SNS								
		N	PSAdvM CN			Det	N					
	E	SN-Térm			E	SN-Térm			NP	SN CD	NP
		SP-CC T		SN NP	SP-CC M					SV-SPV SFVnp
NXO		SV-SPV SO: Yo							E	Prop Sub Sust-Térm
	Prop Sub Adv Caus -CC Caus				Det	N	S Adv CC neg	NP vm/pron	SP-C Rég
	SV-SPV				SN-Suj				SV-SPV
				O. Compuesta					

El lenguaje no es una función natural y biológica del hombre sino una creación cultural que heredamos y aprendemos los hombres.

										SN CD nexo	NP			
				N	-	N	E	SN-T			SPV 1	-	SPV 2	Det	N
			Det	N	SAdj CN		SP CN	Det	N	SAdj CN		SPV		SNS
					SN1				NXO Adv		PSAdj CN
										SN2
Det	N	SAdv CC neg	cóp					SN-Atrib
SN-Suj								SV-SPN
					O. Compuesta

Puede parecer imposible que en cada esquina de la actualidad se encuentre un centinela videoaficionado, pero es así.

			SP-CC L		NP vm	Det	N	S Adj-CN		
cóp	S Adj-Atrib	NXO	SV-SPV						cóp	SAdv At
SV-SPN						SN-Suj			SPN SO Eso
				Prop Sub Sust-Suj			
	P1 O. Compuesta Coord Adv						NXO	P2
			O. Compuesta

Se inclina para besarla y da un golpe con el pie a la lechera, que se derrama estrepitosamente.

								NP vm	S Adv-CC M
						SN Suj nexo		SV-SPV	
		NP	SN CD		Det	N	Prop Sub Adj-CN
	NXO	SV SPV SFVnp		E		SN-Térm
PRef CD	NP	Prop Sub Adv Fin CC Fin	NP	SN-CD	SP-CC inst	SP-CI
SV-SPV SO: Él			SV-SPV SO: Él
P1 O. Compuesta Coord Copul	NXO	P2 O. Compuesta Coord Copul
		O. Compuesta

Los que cocinamos los medios sabemos que estos personajes son monstruos atípicos, pero los telespectadores creen en ellos cada vez más.

							N	S Adj-CN				
		Det	N		Det	N	cóp	SN-Atrib				
	NP	SN-CD	NXO	SN-Suj	SV-SPN				E	SN Térm	SAdv CAdj	N
SN-Suj nexo	SV-SPV		NP		Prop Sub Sust-CD		Det	N	NP	SP-C Rég	S Adv-CC cant
Prop Sub Adj Sust-Suj			SV-SPV			SN-Suj		SV-SPV
P1 O. Compuesta Coord Adv				NXO	P2 O. Compuesta Coord Adv
			O. Compuesta

Había aprendido a no hacerse preguntas, a aceptar que la derrota se cuela en lo hondo.

Que se intentó... Que es el núcleo del SN CD/nexo que introduce la PSAdj.

Lepprince era listo y hábil: pronto se granjeó la confianza de Savolta, cuya salud se deterioraba a pasos agigantados.

					Det nexo	N	NP vm	S Adv-CC M
					SN-Suj		SV-SPV	
					N		Prop Sub Adj-CN	
				E		SN-Térm		
	SAdj1 SAdj2		Det	N		SP-CN		
	cóp	S Adj-Atrib	S Adv CCT	NP pron		SN-CD		
SN-Suj	SV-SPN			SV-SPV SO: Él				
P1 O. Compuesta Yuxt				P2 O. Compuesta Yuxt				
				O. Compuesta				

Los periódicos nada dicen de los millones de hombres que en todos los países del globo van a sus campos a proseguir la labor cotidiana.

Estructura: SN-Suj / SV-SPV — Det N SN-CD NP — E SN-Térm (Det N SP-CN — E SN-Térm SN Suj nexo — SP-CC L NP SV-SPV — SP-CC L NP SN-CD — SV-SPV SFVnp — Prop Sub Adv Fin -CC Fin) — SP-C Rég — Prop Sub Adj-CN. O. Compuesta.

Un día se le ocurrió a la madre que los retratara yo a los tres, para mandar el retrato a sus parientes de Inglaterra.

Estructura: SN-CC T / SV-SPV — Det N / NP vm SP-CI NXO SV-SPV — E SN-Térm, SN CD dupl NP / SN Suj — NP SN-CD SP-CI — E SN-Térm NXO / SV-SPV SFVnp — SP-CD dupl / Prop Sub Adv Fin -CC Fin — SV-SPV — Prop Sub Sust-Suj. O. Compuesta.

Acuérdate de lo que decía la pobre mamá, que en paz descanse.

Estructura: NP pron / SV-SPV SO: Tú — E / SP-C Rég — SN CD-CD NP / Prop Sub Adj Sust-Térm — SV-SPV / SN-Suj / Prop Sub Adj-CN — Det S Adj-CN N / SP-CC M NP / SN Suj nexo SV-SPV. O. Compuesta.

Le rogué un día que no siguiera porque ya mi propósito de quedarme en el país estaba hecho.

Estructura: SN-CI NP SN-CC T / SV-SPV SO: Yo — Det N NXO / Prop Sub Sust-CD — S Adv CC neg NP / SV-SPV SO: Él — NXO SV SPN / Prop Sub Adv Caus -CC Caus — S Adv CC T Det N SP-CN cóp S Adj-Atrib — SN-Suj SV-SPN — E Prop Sub Sust-Térm — NP pron SP-CC L — SV-SPV SFVnp. O. Compuesta.

135

							PRef CD	NP	SP-C Rég
						E	SN-Térm ᴺˣᵒ	SV-SPV SO: Yo	
					NP vm		SP-C Rég	Prop Sub Adv Cond -CC	
				SN Suj nexo			SV-SPV		
Det		N	S Adj-CN				Prop Sub Adj-CN		
cóp						SN-Atrib			
						SV-SPN SO: Ése			
						O. Compuesta			

Es un espectáculo fascinante que se convierte en problema si me libro de su hechizo.

30 Soluciones. Preparando las oposiciones

1- En primer lugar, subrayamos todos los verbos y metemos en un círculo los nexos que unen proposiciones. Descartamos como nexo *así que*, por ser conector, y el *y* anterior a *doctrinales* porque une dos SAdj. Razonamos brevemente la diferencia entre nexos y conectores.

Nos aseguramos de identificar las perífrasis y locuciones verbales: *comenzaban a desgranar* es una perífrasis aspectual incoativa. Razonamos los criterios básicos de localización de perífrasis y remarcamos la importancia de que el alumno las identifique. La oración queda así:

Así que todas las mañanas salían de casa a buena hora, **y apenas** *se instalaban en el quiosco el tío abría la enciclopedia* **y,** *ayudándose con un dedo, comenzaba a desgranar las palabras en sílabas claras y doctrinales,* **y** *nunca pasaban a otro artículo* **hasta que** *Gregorio había memorizado bien el anterior.*

Buscamos los verbos que puedan funcionar como principales, esto es, los que no tienen delante una conjunción subordinante y los que no van en forma no personal: *salían, abría, comenzaba a desgranar, pasaban*. Tenemos cuatro verbos coordinados entre sí, con tres nexos *y* que los unen. Explicamos que la función poética y expresiva requiere en ocasiones de marcas sintácticas, como ocurre aquí con el uso de polisíndeton.

Procedemos a analizar las cuatro proposiciones de forma independiente.

						S Adj-CN	N
Det	Det	N		E	SN Térm	E	SN-Térm
SN-CC T				NP	SP-CC L	SP-CC M	
			SV-SPV SO: Ellos				
			O. Simple				

Todas las mañanas salían de casa a buena hora.

En una oposición para Secundaria conviene intercalar comentarios didácticos sobre cómo explicar lo que analizamos y también señalar las estructuras que puedan generar dificultad a los alumnos. Por ejemplo, convendría señalar aquí que tanto *de casa* como *a buena hora* pueden ser consideradas locuciones adverbiales, e incluir un breve razonamiento. También podríamos escribir cómo explicaríamos a los alumnos los casos en los que, como ocurre en *todas las mañanas*, un nombre cuyo significado implique intrínsecamente idea temporal puede convertirse en núcleo de un SN que puede ejercer de CC sin el concurso de una preposición.

Apenas se instalaban en el quiosco el tío abría la enciclopedia.

			Det	N				
			E	SN-Térm				
	PRef CD	NP	SP-CC L					
NXO	SV-SPV SO: Ellos				Det	N		
Prop Sub Adv T -CC T				Det	N	NP	SN-CD	
SV-SPV				SN-Suj		SV-SPV		
O. Compuesta								

El opositor debe, en todo momento, controlando el tiempo y el espacio del que dispone, comentar cualquier aspecto que juzgue de interés didáctico. Por ejemplo, convendría explicar que hemos considerado el *se* reflexivo porque cumple tres requisitos: los protagonistas se instalan a sí mismos, podrían haber instalado en el quiosco a otras personas y se trata de una acción consciente (de algo que hacen, no de algo que les ocurre). En algunos manuales se expone que el verbo *instalarse* es pronominal.

Ayudándose con un dedo, comenzaba a desgranar las palabras en sílabas claras y doctrinales.

		Det	N						SAdj1	SAdj2
		E	SN-Térm					N	S Adj-CN	
NP	PRef CD	SP-CC M					Det	N	E	SN-Térm
SV-SPV SFVnp					Det	N			SP-CC M	
Prop Sub Adv Modo -CC Modo				NP	SN-CD					
SV-SPV SO: Él										
O. Compuesta										

El opositor debería explicar los criterios que ha seguido para establecer que *comenzaba a desgranar* es una perífrasis, y comentar la necesidad de que el alumno aprenda a aplicarlos. También debería explicar las especiales características del gerundio: nosotros hemos decidido llamarle sujeto de forma verbal no personal a su sujeto lógico. También parece razonable una breve explicación sobre los sintagmas múltiples, como *claras y doctrinales*.

Nunca pasaban a otro artículo hasta que Gregorio había memorizado bien el anterior.

									Det	N
		Det	N				NP	S Adv CC M	SN-CD	
		E	SN-Térm	NXO	SN-Suj		SV-SPV			
S Adv CC T-neg	NP	SP-CC L				Prop Sub Adv T -CC T				
SV-SPV SO: Ellos										
O. Compuesta										

Convendría explicar que los considerados CC de negación son en realidad modalizadores y no CC, pero que se suelen analizar así para que los alumnos los comprendan y manejen mejor. Que se puede discutir si *a otro artículo* es CC o CRég, puesto que se trata de un complemento argumental (imprescindible: asunto que también se puede discutir). Que la PSAdv de este fragmento puede ser analizada también como PSS término de un SP CCT.

Que se debe explicar a los alumnos las peculiaridades del indefinido *anterior*, que puede ser considerado pronombre, determinante o adjetivo: así razonamos la relación entre morfología y sintaxis.

2- Subrayamos todos los verbos y metemos en un círculo los nexos que unen proposiciones. Descartamos como nexo *total* y *que*, por ser conectores conversacionales y explicamos su funcionamiento. Más complejo es el caso de *pero*, que puede funcionar como nexo o como conector: si el hablante ha elegido el punto y coma antes de escribirlo entendemos que lo concibe como conector. Nos aseguramos de identificar las perífrasis y locuciones verbales: *quisieran* y *sujetarme* no forman perífrasis, sino que se relacionan como verbo principal y verbo subordinado; *pudieran seguirme* es una perífrasis modal de posibilidad; *fui a parar* es una locución verbal difícil de ver para el alumno, que tiende a considerar perífrasis todas las construcciones que presentan dos verbos. El opositor debe explicar qué criterios usará para enseñar a los alumnos a distinguir estos conceptos. La oración queda así:

*Total, que me la quitaron y quisieron sujetarme; pero yo, braceando **como una leona**, me zafé, tiré el cuchillo y salí tranquila a la calle, y de una carrerita, **antes que** pudieran seguirme, fui a parar a la calle del Peñón.*

Es conveniente que el opositor destaque los elementos propios de la lengua oral que condicionan el análisis, tales como el uso de expresiones informales (*de una carrerita*), la supresión de la preposición *de* en *antes que pudieran seguirme*, el uso de polisíndeton, la presencia del conector conversacional de cierre discursivo *total* (usado con el significado de *en resumen*), la presencia del *que* expletivo o coloquial (*Total, que...*)...

Dividimos el fragmento en segmentos coordinados entre sí. Obtenemos:

Total, que me la quitaron y quisieron sujetarme.				
			NP	SN CD
			SV-SPV	SFVnp
SN CI	SN CD	NP	NP	Prop Sub Sust CD
SV-SPV SO: Ellos			SV-SPV SO: Ellos	
Conector conversacional consecutivo	O. Compuesta Coord Copul		NXO	O. Compuesta Coord Copul
O. Compuesta				

Analizamos *total, que* como un conector conversacional consecutivo. El opositor debe explicar las peculiaridades del sujeto del infinitivo. La NGLE considera que en ocasiones el verbo *querer* tiene carácter semiperifrástico (28.1.3b): convendría aclararlo. Recordemos que, por un lado, admite construcciones como *quisieron una cosa* y *quisieron que yo sujetara*, pero, por otro, admite, como en las perífrasis, tanto *me quisieron sujetar* como *quisieron sujetarme*.

Pero yo, braceando como una leona, me zafé, tiré el cuchillo y salí tranquila a la calle.							
	NXO	SN-Suj					
	NP	Prop Sub Adv Modo CC Modo				Det	N
	SV-SPV SFVnp			Det	N	E SN-Térm	
	Prop Sub Adv Modo -CC Modo	NP pron	NP	SN-CD	NP S Adj-C Pvo	SP-CC L	
con adver	SN Suj	SV-SPV 1		SV-SPV 2	NXO Cop	SV-SPV 3	
O. Compuesta							

138

Explicamos que hemos decidido mostrar como coordinados los tres predicados: también podríamos haber analizado el fragmento como formado por tres PC. Explicamos que, cuando hay coordinación, lo mejor es llevarla al nivel inferior (mejor coordinar predicados que proposiciones, mejor dos CD que dos predicados, mejor dos núcleos que dos SN) para evitar elementos omitidos. Explicamos que *braceando como una leona*, por sentido, parece complementar solo a *me zafé*, pero que es preciso razonarlo en clase; que, en caso de que complementara a los tres predicados, habría que analizar la adverbial como omitida en los otros dos o bien aclararlo en nota. Explicamos que la PSAdv de gerundio puede interpretarse como CC, como PVO o como CN. En el segundo caso, algunas gramáticas la explican como PSAdj. Nos remitimos a *Sintaxis 2017* para explicar por qué no consideramos que los gerundios puedan introducir PSAdj. Explicamos la diferencia entre *trabajar como camarero* (PVO) y *trabajar como un camarero* (PSAdvM) para justificar el análisis de la PSAdvM (ejercicio 1.8.10 y 2.8.10 de este libro). Explicamos que esta adverbial puede considerarse también comparativa, aunque el análisis como modal es preferible. Puede consultarse un ejemplo muy similar en 1.8.6 y 2.8.6. Explicamos que es habitual que tanto en modales como en comparativas el NV y parte del predicado o todo él queden omitidos: razonamos cómo explicarlo en clase.

Y de una carrerita,	antes que	pudieran seguirme,	fui a parar	a la calle del Peñón.
		NP · SN/CD		
	NXO	SV-SPV SO: Ellos		
SP-CC M	Prop Sub Adv T -CC T		NP	SP-CC L
SV-SPV SO: Yo				
O. Compuesta				

Y constituye un nexo copulativo que une esta PC con el fragmento anterior. Explicamos que *a la calle del Peñón* es considerado CRég en algunas gramáticas por su carácter argumental.

En la medida de lo posible, para cualquier razonamiento, citamos siempre fuentes.

Made in the USA
Las Vegas, NV
25 September 2021